国家智库报告 2016（24）
National Think Tank
经　济

新常态下中国宏观经济政策框架的重构

曹远征　于春海　闫 衍　著

RECONSTRUCTING MACROECONOMIC POLICY FRAMEWORKS FOR THE NEW NORMAL CHINESE ECONOMY

中国社会科学出版社

图书在版编目(CIP)数据

新常态下中国宏观经济政策框架的重构/曹远征，于春海，闫衍著.
—北京：中国社会科学出版社，2016.6
(国家智库报告)
ISBN 978-7-5161-8493-6

Ⅰ.①新… Ⅱ.①曹… ②于… ③闫… Ⅲ.①中国经济—宏观经济—经济政策—研究 Ⅳ.①F120

中国版本图书馆CIP数据核字(2016)第146094号

出 版 人 赵剑英
责任编辑 喻 苗
特约编辑 王 称
责任校对 闫 萃
责任印制 李寡寡

出 版 中国社会科学出版社
社 址 北京鼓楼西大街甲158号
邮 编 100720
网 址 http://www.csspw.cn
发 行 部 010-84083685
门 市 部 010-84029450
经 销 新华书店及其他书店

印刷装订 北京君升印刷有限公司
版 次 2016年6月第1版
印 次 2016年6月第1次印刷

开 本 787×1092 1/16
印 张 7.25
插 页 2
字 数 85千字
定 价 29.00元

摘要：经济新常态业已出现的特征以及大调整、大变革和大开放战略，对中国宏观经济政策框架提出了调整要求。第一，在中国宏观经济调控中，增长和就业目标的重要性相对下降，而宏观经济短期稳定性的重要性相对上升。第二，物价稳定性和金融稳定性在中国宏观经济调控中的重要性凸显。第三，中国的宏观经济政策应该从生产导向和长期导向转变为消费导向和短期导向，应该更多地通过消费渠道去影响宏观经济的动态平衡。第四，财政政策因其具有很强的结构效应和市场扭曲效应，应该避免直接介入甚至主导结构调整过程，而应针对市场化结构调整路径必然出现的短期阵痛；宏观经济和金融稳定性问题应该更多地依靠货币政策手段，并且货币政策操作要从以非市场化的数量型工具为主转向以价格型工具为主。

需要特别关注的是2015年中国国际收支的新变化，这种变化预示着中国国际收支的平衡模式将会发生深刻调整。国际收支平衡从过去的官方储备逆差与私人部门顺差相配合的模式，转向私人证券投资顺差与其他私人部门逆差相配合的模式。这样一种新的、可持续的国际收支平衡模式，首先依赖国内金融市场深度、广度以及效率和流动性的不断提高；其次，这种平衡模式使得中国宏观经济和金融暴露在跨境私人资本流动的波动性和易变性之下。由此要求对国际收支实施主动的、市场化的宏观经济政策管理。

当前及未来一段时间内，中国宏观经济政策框架调整的战略定位应该包括短期、中期和长期三个层次。第一个层次是针对短期中已经显露的宏观经济和金融风险，提升和强化维持宏观经济和金融稳定的能力。第二个层次是针对中期的问题，特别是在较长时期持续存在的结构调整、去库存、去产能以及去杠杆等问题，提升应对这些问题相互叠加后可能带来的负面冲击，应对大调整、大变革和大开放战略可能带来的“创造性破坏效应”。第三个层次是针对长期将会出现的均衡、开放和市场化的经济体系，构建高效的、可持续的和动态一致的宏观经济调控模式和政策框架。

就具体调整而言，首先是增长、就业、宏观经济与金融稳定和国际收支平衡等目标及其相互关系的重新定位。物价稳定、金融稳定和国际收支平衡应该成为宏观经济政策的显性目标。其次是政策工具及其匹配和组合原则的重新考量。财政政策应该减少对市场主导型结构调整路径的直接介入，更多地针对结构调整期必然出现的短期阵痛，为社会福利提供托底；宏观经济和金融稳定性的实现应该更多地依靠货币政策。最后是政策操作方式和传导机制的重构。宏观经济政策应该遵循市场化、可预期的操作模式，避免自身成为宏观经济和金融波动的来源；宏观经济政策应该围绕市场机制的作用方向去传导其意图和影响。

在政策层面，短期问题往往更为紧迫，也更为重要。如果不能解决短期问题，中长期调整都将变得毫无意义；如果短期问题的解决方式不合理，中长期调整将会无以为继。因此，当前不仅要积极应对短期宏观经济和金融风险，而且要选择一种符合中长期调整方向的解决方案。中国短期中最大的宏观经济波动风险来自去产能与去杠杆的交互作用。所以，政策层面需要在推进去产能的过程中避免过快的去杠杆。为此，需要政府部门加杠杆，即提高财政赤字水平。在中国财政赤字水平相对较低的情况下，这具有可行性。关键问题是，如何操作才能不对中长期调整过程形成干扰和阻碍？

一个可行的突破口是通过转变国债发行模式和方式，推动债券市场的大发展和大开放。第一，这能够为财政赤字提供可持续依赖的融资模式。第二，这有助于提高价格型货币政策手段的操作效率和传导效率。第三，有助于解决央行资产负债表的币种结构失衡问题及其对货币政策操作的制约。第四，有助于提升人民币资产作为国际范围内的安全性和流动性资产的地位，以此打破利率与汇率之间的平价关系及其对我国货币政策的制约。第五，为中国吸引和管理非 FDI 私人资本流动创造了最关键的条件。

目　　录

一　导言

在中国现有的宏观经济政策框架中，增长和就业是首要目标，物价稳定和国际收支平衡是次要目标。为了实现增长和就业目标，宏观政策调控主要针对出口和投资，通过鼓励出口增长来拉动投资增长，或者直接推动投资增长；为了更有效地刺激出口增长和投资增长，政策层面倾向于替代市场机制或扭曲市场机制，在政策组合中往往是以非市场化的、具有结构效应的财政政策为主导，作为辅助性的货币政策也是以非市场化的数量型工具为主。

这样的政策框架已经无法适应经济新常态的特征以及大调整、大变革和大开放战略的要求。

首先，世界经济再平衡使得中国出现全面的产能过剩，并带来通货紧缩、通紧—债务效应和去杠杆压力。各种因素交织在一起，中国宏观经济的短期波动风险急剧加大。这就凸显了宏观经济短期稳定性的重要意义。

其次，通货紧缩不仅使得价格型货币政策工具难以奏效，而且与债务问题、去杠杆压力以及新常态下的其他变化结合在一起，使得中国宏观经济和金融的内生风险急剧上升。这凸显了物价稳定性和金融稳定性的重要意义。

最后，世界经济再平衡过程与中国国内经济再平衡过程的相互交织，结构调整过程在短期内不可避免地会带来“创造性破坏效应”，都要求中国的宏观经济政策从生产导向和长期导向转变为消费导向和短期导向。

面对经济新常态下的种种深刻变化，过去一段时间所出现的宏观调控效果下降和强政策刺激带来严重后遗症的问题，并不是政策松紧程度、具体工具选择和传导机制方面的问题，而是中国宏观经济政策框架的整体性问题。因此，笔者认为在未来较长一段时间内，中国所需要考虑的政策再定位，不只是政策松紧程度或政策刺激力度的简单调整，也不只是政策工具的调整和政策传导渠道的完善，而是宏观经济政策框架的整体性调整。

上述变化及其带来的调整要求在过去几年中已经出现。在思考未来的调整之路时，我们尤其需要关注 2015 年中国经济在新常态中出现的新变化。这就是中国国际收支在 2015 年从过去常态化的双顺差变为“一顺一逆”，即经常项目顺差和资本金融项下私人资本流动逆差。具体考察经常项目顺差和私人资本流动逆差的构成，我们将会发现这种状况中蕴藏着巨大的风险，并对中国宏观经济政策框架提出更深层次的调整要求。

国际收支结构变化意味着中国的国际收支平衡模式发生了改变。从过去的官方储备逆差与私人部门顺差相配合的模式，转变为官方储备顺差与私人部门逆差相配合的模式。基于中国所拥有的外汇储备规模，以及官方积累外汇储备的动机，国际收支的这种平衡模式在短期中是合理和可行的。但是在长期中不具有可持续性，因为官方储备资产总有耗尽的一天。

从长期发展趋势来看，中国2015年在经常项下出现的“衰退性顺差增长”不会持续。随着世界经济和中国经济走出目前的低迷状况，中国的进口需求和大宗商品的国际价格都会恢复增长，这必然导致中国的货物进口相对于货物出口更快地恢复增长。在服务贸易方面，对旅游、购物、教育和高端医疗等进口需求旺盛，加之服务市场开放程度的提高，都将会导致中国的服务贸易在未来很长时间内维持不断扩大的逆差状况。总之，中国在经常项目上的顺差会出现大幅下降，甚至从顺差转变为逆差。

随着“一带一路”战略的全面实施，中国企业加快走出去的步伐，由此会导致中国直接投资净流入规模进一步下降，甚至可能转变为净流出状况。一旦经常项目顺差不能弥补私人部门直接投资逆差，甚至经常项目本身也转变为逆差，那么，中国的国际收支平衡只能依靠官方储备资产或者非 FDI 私人资本流动。如前所说，用官方储备资产来弥补私人部门国际收支逆差是不可持续的。一旦官方储备耗尽，必然带来国际收支危机和货币危机，乃至演变成整体性金融危机和经济危机。如果依靠非 FDI 私人资本净流入来实现国际收支平衡，也将面临两个问题。首先是如何吸引非 FDI 私人资本的大规模流入？其次是如何管理具有极大波动性和易变性的非 FDI 私人资本流动？所有这些都意味着，随着中国国际收支平衡模式的变化，中国的货币稳定性、金融稳定性乃至整体经济稳定性都全面暴露于国际金融冲击之下。这与前面所分析的中国宏观经济和金融的内生脆弱性和波动性结合在一起，加剧了中国宏观经济和金融的短期波动风险。因此，国际收支平衡必须成为中国宏观经济政策框架中的显性目标，成为宏观经济政策主动调控和管理的对象。

新常态下的各种新旧变化交织在一起，对中国的宏观经济政策框架提出了调整要求。并且所要求的调整是整个政策框架的调整，涉及目标、工具和具体操作模式等。这是一个极其庞杂的工作，我们无法从整体到细节展开全方位的分析。在本报告中，我们从整体上分析三个方面的问题：首先是中国现有宏观经济政策框架的特征；其次是新常态下的各种新旧变化对中国宏观经济政策框架的挑战；最后是对中国宏观经济政策调整的战略定位、原则和突破口做一般性分析，并针对宏观经济政策调控的着力点、财政政策、货币政策和金融市场发展等问题给出初步思考。

二　中国现有宏观经济政策框架的特征

1. 不同于理论逻辑与国际实践经验，中国宏观经济政策在目标定位上的长期经济增长导向远比短期宏观经济稳定导向重要。

对宏观经济运行过程的关注，通常集中在两个基本维度的问题，即长期增长和短期稳定。宏观经济学的理论逻辑和国际实践经验表明，在长期增长问题上，政府需要做的是为市场机制引导资本积累和为技术内生增长提供合适的制度基础，无须展开逆市场力量的宏观调控。在短期稳定问题上，由于微观主体行为的不稳定，市场力量引导下的宏观经济运行在短期中具有内在的不稳定性，进而呈现出频繁的周期波动性，所以，政府需要展开逆市场力量的宏观调控，以熨平宏观经济周期波动。鉴于此，在宏观经济政策理论和国际实践中，宏观经济政策通常被界定为稳定化政策，以熨平宏观经济的短期波动为主要任务。

正是出于对宏观经济短期稳定性的关注，增长、就业、物价稳定和外部平衡才成为宏观经济政策的四大目标。需要强调的是，这些目标始终都是指向宏观经济的短期稳定性问题。

第一，在增长目标上，并不是要改变长期潜在的增长速度，而是缩小实际增长与潜在增长之间的产出缺口，也就是说，使得现实的 GDP 增长稳定在潜在增长路径轨迹上。

第二，就业目标要实现的是促进充分就业，避免持续地向上或向下偏离潜在就业水平。增长目标和就业目标通常是对应的。在给定生产的技术性特征以及经济的结构性和制度性特征的情况下，在就业和产出缺口之间存在“奥肯定理”这样的经验性联系，所以，增长和就业目标在宏观经济调控中通常是统一的目标。

第三，物价稳定，这一目标要实现的不是物价水平的绝对稳定，而是物价水平适度、稳定的增长。或者说，物价增长不能过快，也不能过慢。这一目标的引入，主要考虑的是，物价过快或过于频繁的变化不仅会带来收入分配效应和影响社会稳定，而且会使得价格机制在资源配置中失效。

第四，外部平衡目标。沿着经济开放的基本逻辑，开放的作用是弥补国内供求之间的总量和结构性差异。

因此，作为国内供求对比关系变化的结果，经常项目收支可以是顺差，可以是逆差，也可以是绝对平衡的。由此，经常项目收支的绝对平衡不应该成为宏观经济政策追求的目标。但是，经常项目失衡的过度积累，无论是顺差还是逆差的过度积累，都不仅会带来对外资产或负债的过度积累，进而导致国际风险暴露程度的增加和整体经济对外脆弱性的提高；而且对外资产或负债的过度积累，还会削弱宏观经济政策调控内部平衡的能力。正是基于这些考虑，适度的、可持续的对外收支成为宏观经济政策的目标。

上述从宏观经济短期稳定性衍生出来的四大政策目标中并没有涵盖金融稳定问题。事实上，基于金融体系在现代宏观经济体系中的关键地位，金融稳定性一直是政策层面关注的重大问题。但是在传统实践中，金融稳定与金融监管是脱离于宏观经济政策框架的，金融稳定目标和金融监管职责被赋予单独的金融监管部门。金融稳定和金融监管指向的是单个金融机构和金融市场的失灵问题，缺乏对其宏观经济含义的考量。既没有考虑宏观经济稳定性与金融稳定性之间的内在联系，更没有考虑宏观经济周期对金融失衡积累过程的影响，以及后者对前者的反馈效应。2000 年以来的实践经验显示，金融失衡和泡沫的快速积累往往是发生在宏观经济稳定性保持较好的时期。一旦宏观经济形势出现变化的苗头，即便整体宏观经济形势没有逆转，也会触发金融失衡积累过程的逆转，并导致金融泡沫破灭。这反过来又会加剧宏观经济的周期波动，使得宏观经济稳定目标更难实现。这就要求宏观经济政策目标中引入金融稳定性目标，关注宏观经济稳定性和金融稳定性之间的内生联系。

宏观经济政策框架的特征依赖宏观经济和金融环境。这背后的道理很简单，宏观经济和金融的动态特征决定了一国宏观经济运行的周期动态，作为熨平宏观经济周期、维持宏观经济和金融稳定性的政策，在目标定位和工具选择等方面必然依赖宏观经济自身的周期动态。首先，在不同的宏观经济和金融环境中，产出缺口、就业缺口、通货膨胀和国际收支等宏观经济变量具有不同的动态特征，这些宏观经济变量之间也具有不同的动态联系。这决定了宏观调控过程中对增长、就业、物价稳定、金融稳定和外部平衡等目标的取舍。其次，在不同的宏观经济和金融环境中，财政、货币和金融层面的相关政策措施具有不同的传导机制与效果。这决定了宏观调控过程中政策工具的选择与不同政策工具之间的配合使用。

然而，不同于理论逻辑与国际实践经验，中国宏观经济政策在目标定位上的长期经济增长导向远比短期宏观经济稳定导向重要。在中国的传统增长模式下，适应于经济赶超战略，经济总量的扩张是政策层面的首要目标。改革以来，政府设定了一系列的发展目标，但是总量扩张始终是最重要的目标。十二大明确宣布了翻两番的奋斗目标，即从1981年到20世纪末的20年，使全国工农业年总产值实现翻两番，即由1980年的7100亿元增加到2000年的28000亿元左右，强调的是经济总量的增长。十六大提出，全面建设小康社会的主要目标是，国内生产总值到2020年力争比2000年翻两番，综合国力和国际竞争力明显增强。十七大提出在优化结构、提高效益、降低消耗、保护环境的基础上，实现人均国内生产总值到2020年比2000年翻两番。十八大提出，到2020年实现国内生产总值和城乡居民人均收入比2010年翻一番，全面建成小康社会。政治层面的目标在根本上决定了中国宏观经济政策所具有的长期增长导向。

在长期增长导向下，宏观经济政策首先必须服务于结构调整、产业变迁和制度变化等长期战略规划，因此宏观经济政策总体上定位于供给层面的目标。发改委、财政部和央行作为中国宏观调控的“三驾马车”，相对的关系和地位并不是平行的。发改委提出的国民经济和产业发展规划具有宏观引导和统筹协调功能，从总体上界定了财政、货币和金融层面的政策着力点和政策实施方向。这决定了，中国宏观经济政策的总体性质并不是传统意义上的指向短期稳定的宏观经济政策，而是指向长期经济增长的宏观经济政策。

2008 年全球金融危机以来，虽然中国宏观经济政策的调控力度不断加大，调控方式不断转变，但是产出缺口却不断加大，实际 GDP 增速的下滑领先于潜在 GDP 增速的下滑。此后，虽然政策刺激力度加码，在产出缺口迅速下降并由正转负的过程中，各类物价指数和贸易失衡规模都是先扩张、后收缩，但是政策效果却依然没有显露（见图 2—1 和图 2—2）。这在很大程度上是因为在长期增长导向下，中国宏观经济政策在短期需求管理方面存在问题。

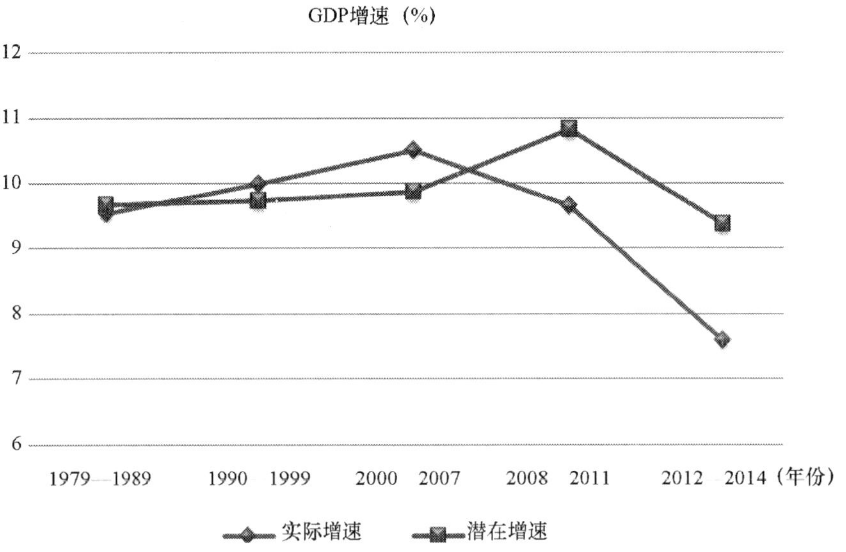

图 2—1 中国的实际 GDP 增速与潜在 GDP 增速①

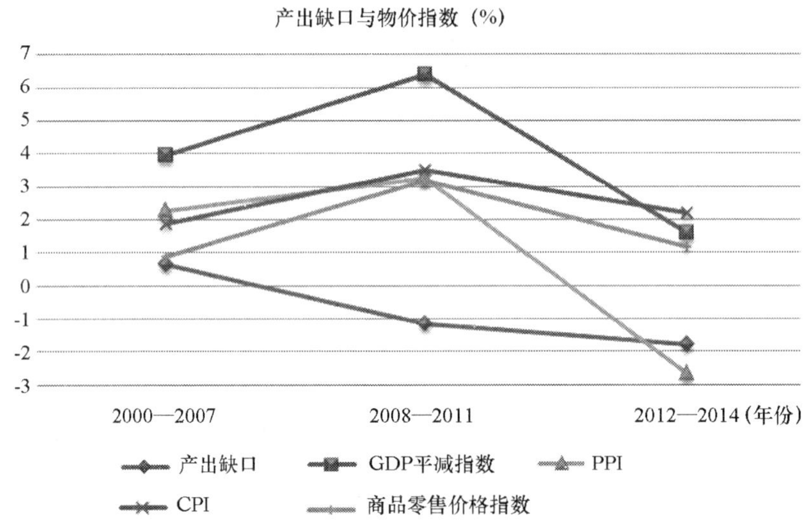

① 数据来自中国人民大学国家发展与战略研究院的估算数据。下文图表中所用的数据，除非特别说明，均来自中经网统计数据库。

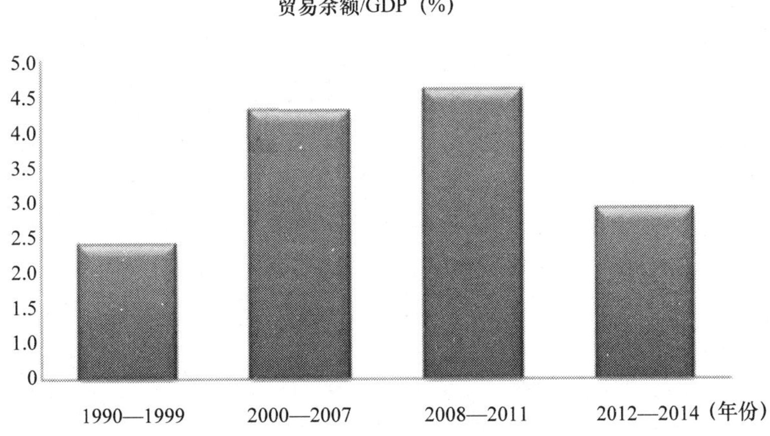

图 2—2　产出缺口、物价指数与对外收支的对比①

2. 对于长期增长导向下的宏观经济政策，首要任务是配合特定时期的经济增长战略。因此，经济增长模式从根本上界定了中国宏观经济政策框架的特征。

纵观改革开放以来中国的经济增长历程，可以看出，中国经济的高速增长是与工业化进程的加速推进相伴随的。1991—1997 年和 2002—2007 年是中国工业化进程加速推进的两个主要时期。在前一个时期，工业增加值占 GDP 比重提高了 4.5 个百分点；在后一个时期，工业增加值占比提高了 2 个百分点。与此对应，这两个阶段的

① 产出缺口数据来自中国人民大学国家发展与战略研究院的估算，其他数据是根据中经网统计数据库的数据整理而来。

年均GDP增长率分别是11.5%和11.2%，明显高于其他时期（见图2—3）。以工业化推动整体经济增长，这不仅是世界范围内各国经济腾飞经验的启示，更是中国在考虑了经济增长的约束条件与突破手段之后的必然选择。

首先，从中国经济的“二元结构”出发，农村大量剩余劳动力为工业部门的扩张提供了廉价的劳动供给来源，而工业部门的扩张也为农村剩余劳动力提供了就业岗位。其次，国际分工体系调整和国际产业转移浪潮，为中国工业化进程突破国内技术约束和资本约束提供了条件。最后，工业制成品作为典型的可贸易品，产出的市场实现问题可以依赖国际市场来解决，从而突破国内的收入约束和市场约束。

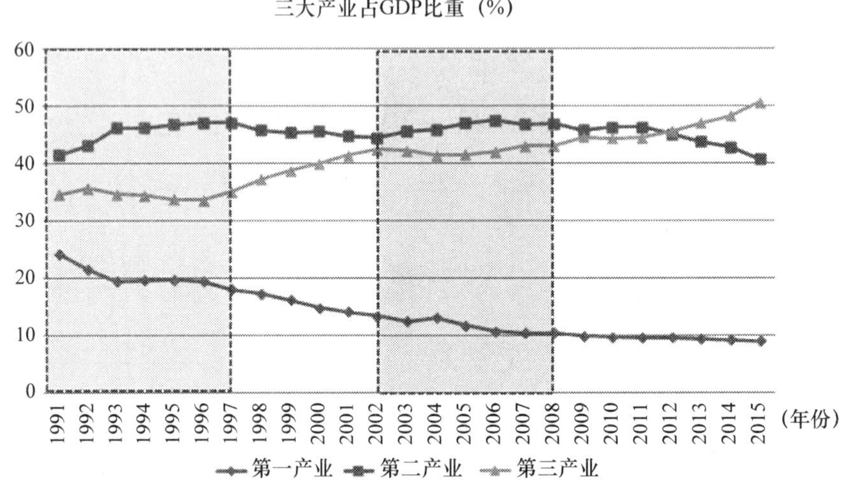

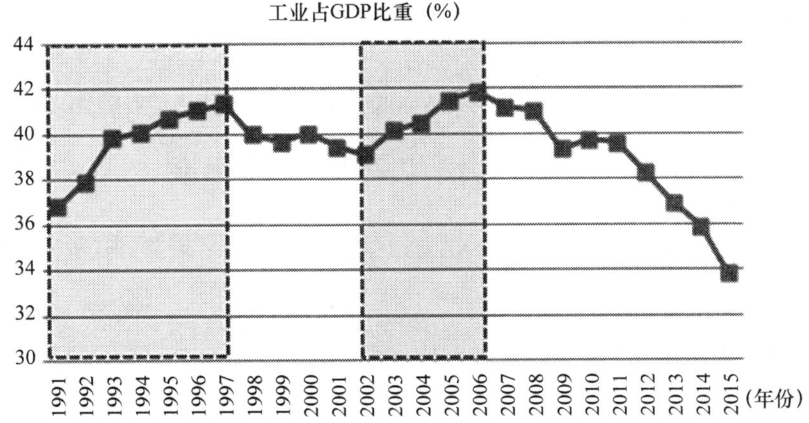

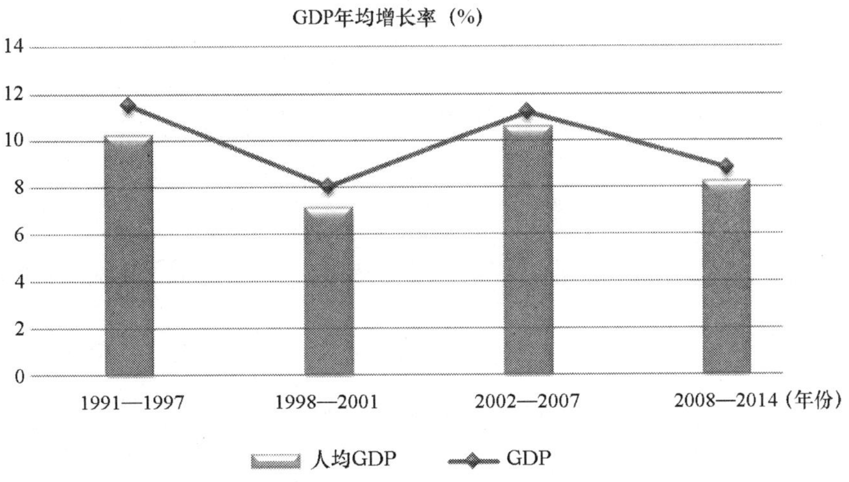

图 2—3　工业化进程与 GDP 的高速增长

通过加速推进工业化进程来实现整体经济的增长，直接导致中国供给结构的失衡。这表现为，在中国的供给结构中，以工业制成品为代表的贸易品占比过高，以服务为主的非贸易品占比过低。不仅如此，为了突破工业化进程的国内约束，总需求结构也必然处于失衡状况。中国工业部门的发展充分利用了国际分工体系调整和国际产业转移的契机，这意味着中国工业部门的生产技术多是外来的，缺乏内生的技术进步能力。

在这种情况下，工业部门的扩张主要倚重资本积累的加速，即国内高投资。高投资需要高储蓄的支撑。在一般逻辑上，储蓄有国内和国外两个来源。如果是大规模利用国外储蓄，则意味着经常出现项目赤字和对外负债。但是对于中国这样的发展中大国，因为不具备利用本币进行大规模国际融资的能力，所以储蓄只能主要来自国内。这就抑制了国内消费对国内工业制成品供给的吸收能力。由此，在总需求结构中，投资需求和外部净需求必然占据过高比重。从图 2—4 中可以看出，在 2000 年以后中国工业化加速推进的过程中，最终消费需求在总需求中的占比持续下降，投资需求和净出口的占比持续上升。在中国传统增长模式下，供给结构中工业占比过高，总需求结构中投资和净出口占比过高，供求两个方面的特征界定了中国传统增长模式的非均衡性。

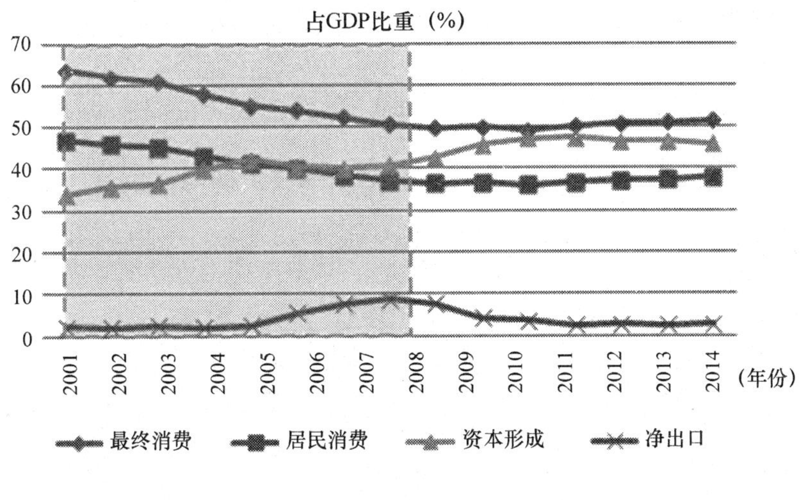

图 2—4　中国的总需求结构

3. 在以工业化为主要动力来源的经济增长模式下，中国宏观经济政策在调控中对高 GDP 增长速度具有强烈偏好。

改革开放以来，稳定是中国“压倒一切的首要目标”。这里所说的稳定并不是经济稳定，而是更广义的社会稳定。在经济层面必须通过创造出必要的新增就业和收入增长，配合实现社会稳定目标。这就决定了中国宏观经济政策调控中，必然要对 GDP 增长速度设定一个非常高的底线。在 20 世纪 90 年代，中国宏观经济调控中对 GDP 增速目标设定就有一个 7.2% 的底线。2008 年，在全球金融危机的严重冲击下，中国宏观政策调控中 GDP 增速的底线目标是 8%。时至今日，即便调结构和转变增长方式已经成为政府层面的战略目标，但是“稳增长”也依然是与这两者并重的政策目标。这在很大程度上依附于中国以工业化和城市化为基本动力的经济增长模式。在这样的增长模式下，第二产业贡献了中国一半以上的 GDP 增长（见图 2—5）。众所周知，在不同产业的对比中，第二产业的就业创造效应和工资收入创造效应都低于第三产业。只能通过更高的增长速度，才能抑制失业问题的加剧和维持必要的居民收入增长速度。由此导致中国政府对高增长速度的严重依赖，也可称之

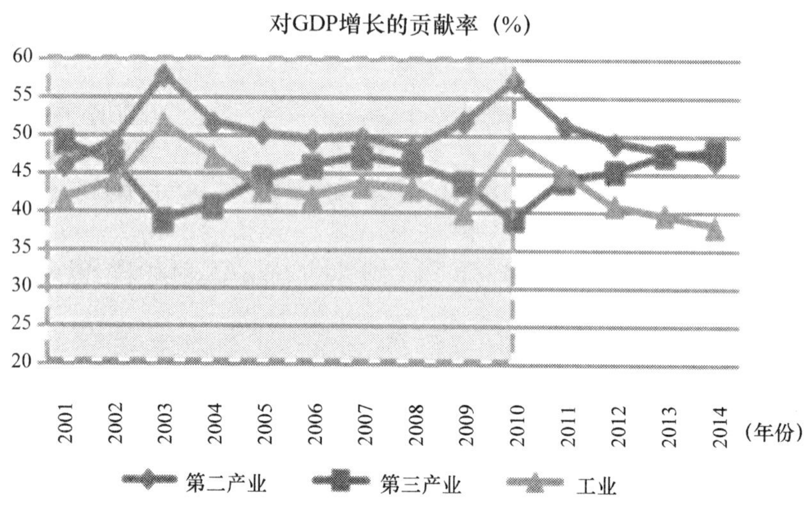

图 2—5　GDP 增长的产业贡献

为“速度饥渴”。在此背景下，保持GDP增长的高速度就成为中国宏观经济政策框架中压倒一切的目标。

4. 投资成为整个宏观经济调控的首要着力点，这种选择既有现实必要性也有现实可能性。

一方面，工业部门具有更高的资本密集度，因此，工业部门的迅速扩张必然要求投资的迅速增长。国际经验也表明，工业化过程必然以大量投资作为基础；另一方面，中国的工业化充分利用了国际分工体系调整和国际产业转移的契机。这意味着中国工业部门的技术进步和生产率增长面临更多的约束和不确定性，因此，促进投资的迅速增长就成为实现中国经济总量迅速扩张的首要选择。这两方面决定了选择投资作为主要调控对象的必要性。

居民消费需求的增长受制于收入水平、消费金融和消费倾向。既定收入分配体制和要素市场发展状况，财政层面的税收和转移支付等手段，在短期内对于改变居民收入增长动态的作用并不大。在医疗、教育以及社会保障方面存在诸多发展约束的情况下，居民的谨慎性储蓄动机较强。经济形势的恶化进一步带来就业和收入增长的不确定性。宏观经济政策在短期中难以有效改变居民的消费倾向。中国现有金融体系的供给偏向于生产性金融服务，消费金融的发展滞后。货币层面的变化对消费增长的影响较小。最后，也是最重要的一点，居民消费增长还受制于消费品的供给。中国国内供给结构偏向于以工业制成品为主的贸易品，非贸易品供给不足。随着居民收入的增长，对非贸易品不断增长的消费需求难以得到国内供给的有效满足。而作为非贸易品，其需求也难以通过国际供给来满足。这种状况同样也是宏观经济政策在短期内难以改变的。总之，基于调控效率的考虑，居民消费不会成为中国宏观经济政策调控的首要着力点。

不同于居民消费，中国企业的投资行为受宏观经济政策影响较大。在一般意义上，财政、货币和金融层面的政策措施，能够直接影响企业投资的融资成本、融资可获得性和投资收益，也能够影响企业在特定行业的投资准入程度。这些都能够直接影响企业的投资决策。不仅如此，中国政府还直接或通过国有企业间接成为投资主体。为了实现投资增长目的，政府可以直接推出投资项目，或者通过非市场化手段要求国有企业扩大投资。这些方面的因素决定了中国宏观经济政策调控投资的能力较高、效果较强。从图 2—6 和图 2—7 中可以看出，在面对危机冲击时，政府预算内资金投资和国有企业投资的增长总会领先于整个社会固定投资的增长。总之，基于影响效果的考虑，固定投资应该成为中国宏观经济

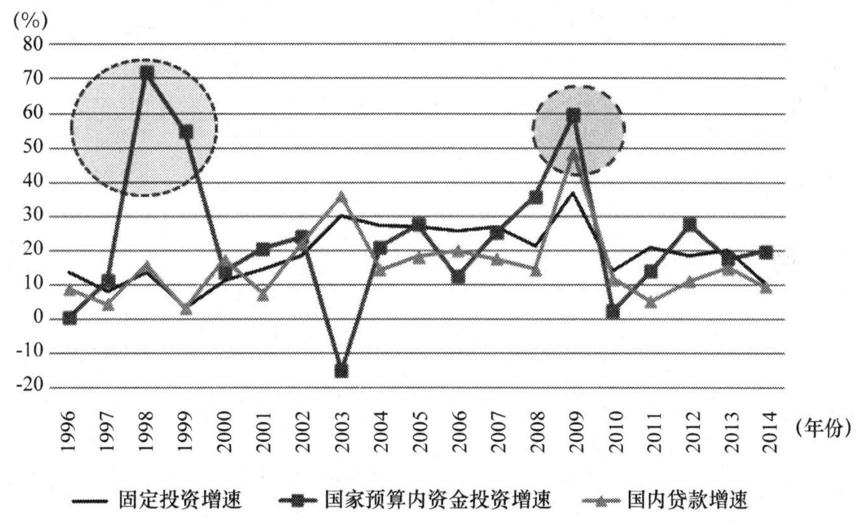

图 2—6　中国固定投资及主要来源的增速

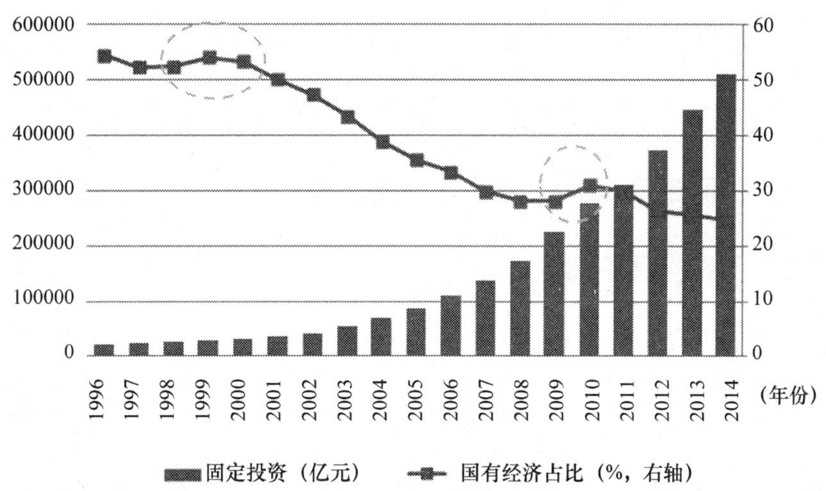

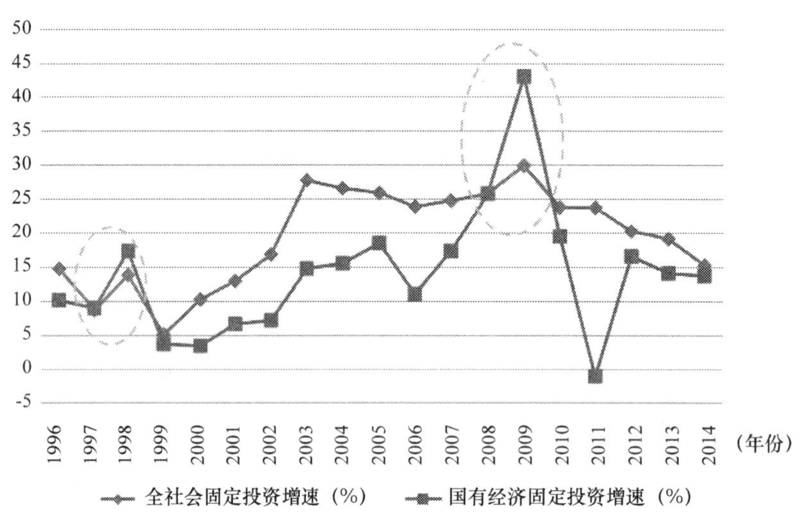

图 2—7 国有经济与全社会固定投资

政策的主要调控对象。宏观经济政策在投资和居民消费上的调控效果的差异，决定了选择投资作为主要调控对象的可能性。

5. 兼顾国内外约束条件和突破手段，中国以工业化为基本动力来源的增长模式必然具有明显的非均衡性。国际收支平衡不是宏观经济政策的目标，而是非均衡增长模式下的被动结果。

以工业化为主要动力来源的增长模式，与工业化进程对投资的依赖性结合在一起，意味着在中国工业化进程加速的时期，制造业固定投资增速高于全社会固定投资增速，制造业固定投资在全社会固定投资中的占比持续上升（见图2—8）。

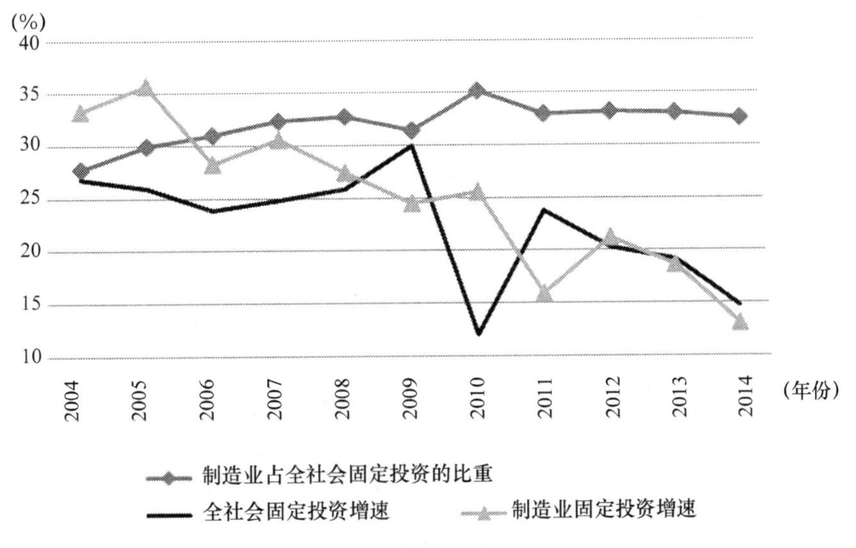

图2—8 制造业固定投资占比与增速

在宏观经济分析中，投资是具有双重属性的。首先，投资是作为总需求的一部分，其变化直接意味着总需求自身的变化。其次，投资最终会形成生产能力，进而导致总供给的变化。制造业投资增长固然能够推动中国工业部门的扩张，但是这一过程持续最终受制于市场条件。也就是说，工业部门的投资增长能否持续，取决于能否解决工业制成品的市场实现问题。中国国内在这一问题上存在两方面制约。首先是过高的储蓄倾向制约了国内居民消费对工业制成品的吸收能力。其次是供求结构对比中，供给结构偏向于以工业制成品为主的贸易品，需求结构偏向于以服务为主的非贸易品。这导致以工业制成品为主的贸易品处于超额供给状态，非贸易品处于超额需求状况（见图2—9）。

在这样的结构对比状况下，如果国内总需求等于国内总供给，那么必然会出现贸易品的供给过剩和非贸易品的供给不足［见图2—10（a）］。在开放背景下，贸易品的超额供给可以通过出口来解决其市场实现问题；但是非贸易品的超额需求却无法通过进口来满足。考虑到不同类别消费品在消费过程中的互补性，消费的贸易品—非贸易品结构存在刚性约束。在非贸易品消费需求无法得到满足的情况下，贸易品消费需求必然也会受到抑制。也就是说，在非贸易品供给不足、非贸易品需求得不到满足的情况下，包括贸易品和非贸易品在内的总消费需求将会萎缩。最终的结果是，非贸易品实现国内供求平衡，贸易品供给过剩加剧，整体经济处于贸易顺差状态［见图2—10（b）］。

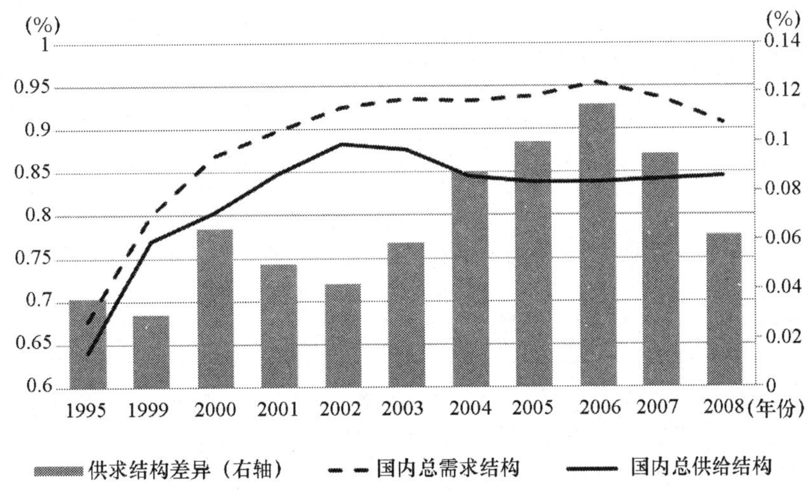

图 2—9　中国国内总需求与总供给结构的结构性差异[①]

基于中国经济增长模式的特征及其导致的国内供求结构性差异，对贸易顺差有必然的要求。从中国工业化进程的国际背景出发，维持高出口增长和高贸易顺差是

① 在产出结构中，将工业和第一产业归为贸易品，将建筑业和第三产业归为非贸易品；在居民消费结构中，将食品消费、衣着消费、家庭设备用品及服务归为贸易品消费，将医疗保健消费、交通通信消费、教育文化娱乐服务消费、居住消费以及杂项商品与服务消费归为非贸易品消费。根据这样的统计口径，分别计算出中国产出结构和居民消费结构中非贸易品对贸易品的比率。对于中国投资支出的结构，由于缺乏完整的分类统计数据，无法计算投资支出中非贸易品对贸易品的比率。根据伯厄姆斯（Bems，2008）等人的研究，各国投资支出中非贸易品支出比重大致在 0.54—0.62；根据联合国的研究，各国投资支出中非贸易品支出比重大致在 0.48—0.69。在此图中，设定投资支出中非贸易品占比为 0.48，这是前文给出的非贸易品占比取值范围的下限。如果选取上限值 0.69，需求结构与投资结构的差异将会更大。

有国际市场支持的。对于国内宏观经济政策而言，关键是要利用出口退税、出口补贴、出口信贷、汇率和资本管制等政策措施，推动出口的高速增长，维持巨额贸易顺差状况。因此，外部平衡不可能是中国宏观经济政策追求的目标。相反，中国的宏观经济政策更倾向于利用财税、货币和金融层面的各种措施，维持外部失衡状况，以此配合国内工业化进程及其所承载的长期经济增长目标。

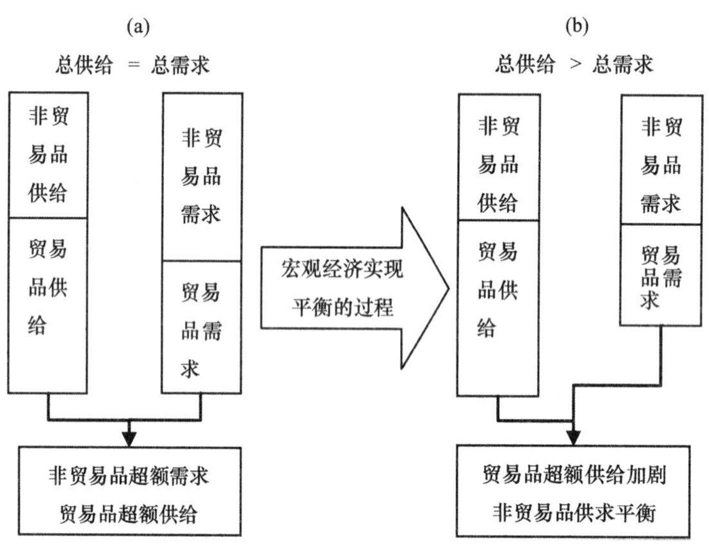

图 2—10　从国内供求结构差异到贸易失衡

中国作为东亚价值链和全球价值链上的加工和组装中心，吸引了出口导向性 FDI 的大规模流入，在资本和金融项下维持 FDI 的净流入状况。特殊的汇率制度安排和严格的资本账户管制政策结合在一起，使得资本和金融项下的其他私人资本也处于净流入状态，官方储备资

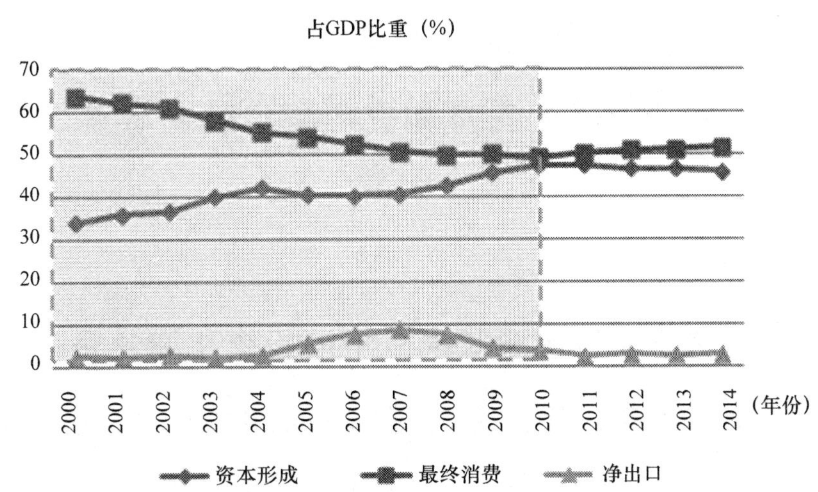

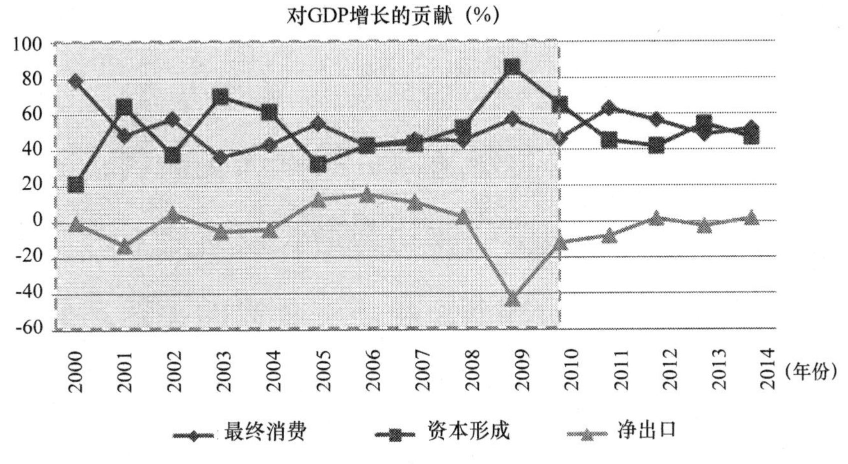

图 2—11 三大需求的占比与贡献

产成为中国资本净流出的渠道。总体来说，中国国际收支平衡的实现模式是，利用官方储备资产项下的逆差来平衡经常项目顺差与私人资本流动顺差。服务于非均衡增长模式，经常项目顺差是宏观经济政策追求的目标。给定经常项目顺差状况，如何实现资本流出和国际收支平衡，则是汇率制度安排和资产账户管制政策的被动结果。

6. 服务于非均衡增长模式下的投资和增长目标，政策层面需要具备直接控制金融体系的能力，由此形成政府控制下的以银行为主的金融体系。在信贷驱动型投资增长模式下，与高投资相对应的必然是实体经济部门的高杠杆率。

金融体系的基本功能是动员储蓄和提高储蓄—投资转化效率。既然在中国的非均衡增长模式之下，对全社会投资行为的调控是整个宏观经济政策的关键环节，那么，为了更有效地影响投资总量和投资结构，金融体系就不能脱离于整个宏观经济政策框架而独立运行。或者说，为了更有效地实现投资和增长目标，政策层面需要具备直接控制金融体系的能力，而不能完全依靠市场机制去影响和引导金融体系的行为。这一理念从根本上界定了中国金融体系的特征和运作模式。

中国金融体系的特点可以概括为利率控制下以银行为主导的金融体系。这一金融模式适应了中国过去几十年中工业化过程的要求。在经济起步初期，为了克服储蓄缺口对国内工业部门发展的制约，政府必然要控制金融部门的信贷分配和价格，以此促进优先部门的资本形成。适应这种需求，在政府干预之下形成了以银行为核心的金融体系。一方面，通过价格控制和信贷配给政策，满足工业部门对低成本资金的需求；另一方面，通过维持刚性的存贷利差和限制金融市场发展，保证银行的收益和主导地位。

这是一种自我强化的政府金融干预。对于银行而言，强制储蓄的政策能够增加整个社会的储蓄供给，限制金融市场发展和限制资产替代的政策保证了整个社会的储蓄大部分流向银行体系，刚性的存贷利差保证了银行的收益率。对于工业部门而言，优惠的信贷政策与货币和财政政策结合在一起，可以保证企业部门的收益水平；而且政府控制下的信贷分配也可以抑制新企业的进入和竞争程度的提升。对于政府而言，通过这样的金融安排可以实现发展工业部门、解决就业和促进经济增长的目的。在这样的金融模式下，工业部门、银行和政府都获得了自己的利益。所以，无论是工业部门的主导企业还是大银行，甚至是政府本身，都不愿轻易改变这种金融模式。

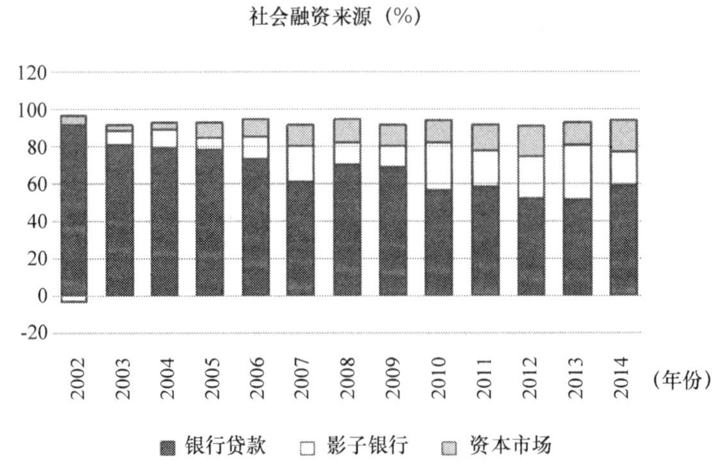

图 2—12　实体经济外源融资对银行体系的高依赖性

在这样的金融模式下，实体经济部门的融资需求高度依赖银行体系。经过 20 多年的发展，股票和债券市场等资本市场融资占整个实体经济部门融资的比重虽有明显提高，但是仍在 20% 以下（见图 2—12）。资本市场严格的审批程序和准入限制，使其难以满足实体部门不断增长和变化的融资需求。特别是近年来，一方面是各种新行业、新业态大量涌现；另一方面是资本市场和传统银行体系存在刚性限制。这导致委托贷款和信托贷款等影子银行业务迅速发展，其影响已经超过股票和债券等资本市场。无论是传统银行体系还是影子银行体系，为实体经济部门提供融资的基本形式都是贷款。这就使得中国的投资增长具有明显的信贷驱动模式（见图2—13）。在此模式下，与高投资相对应的必然是实体经济部门的高杠杆比率。

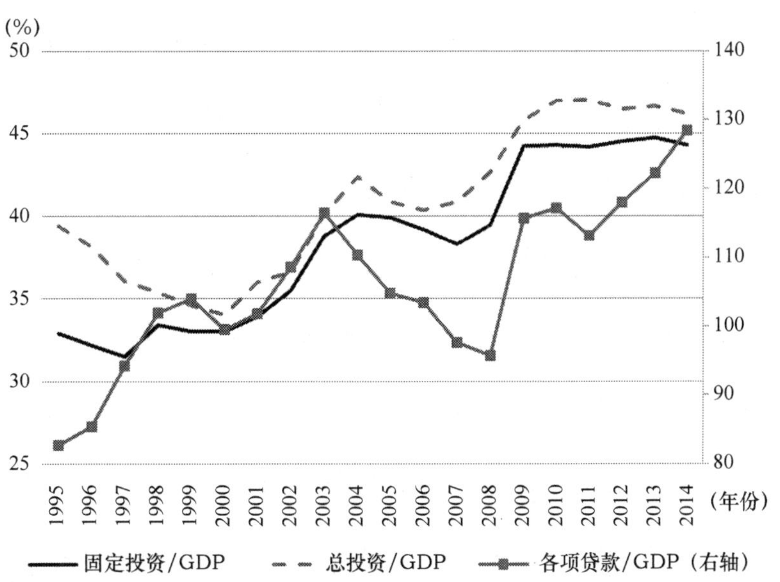

图2—13 信贷驱动的投资增长模式

7. 服务于非均衡增长模式，政策层面倾向于替代市场机制或扭曲市场机制，在政策组合中往往是以非市场化的、具有结构效应的财政政策为主导，作为辅助性的货币政策也是以非市场化的数量型工具为主。

中国非均衡增长模式下，以投资和贸易收支为主要调控对象，中国宏观经济政策形成了如图 2—14 所示的调控模式。利用税收、补贴和直接投资支出等财政手段，影响企业的投资和生产行为。利用利率、货币总量、信贷总量和结构以及信贷分配等货币和金融手段，影响企业投资的成本和信贷可获得性，进而影响企业的投资和生产行为。综合利用出口补贴、出口退税、汇率和资本管制等财政、货币及金融手段，影响贸易收支状况，并以此影响企业的投资和生产行为。在此基础上，最终实现经济增长、就业创造和居民收入增长等目标。

财政层面的出口退税、出口补贴和企业技改补贴等政策，直接影响企业的出口、投资和生产行为，而不是通过影响市场价格信号来引导企业的出口、投资和生产行为；财政层面的投资支出，甚至是政府直接充当投资主体，直接开展投资行为，同样也不是市场化的操作。财政政策的非市场性，并不难理解，这是各国普遍的实

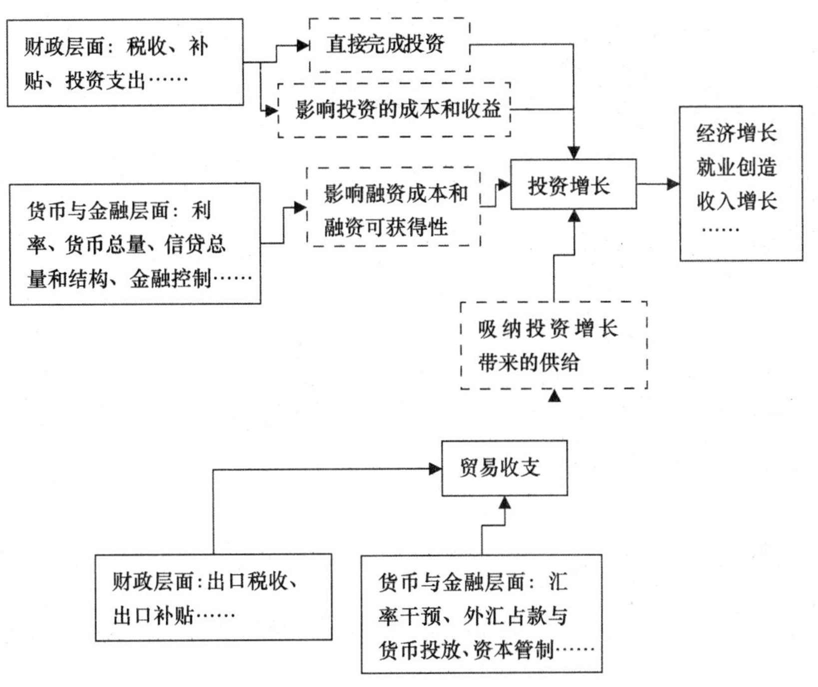

图 2—14　长期增长导向下中国宏观经济政策的主要调控模式

践做法。中国宏观经济政策操作的非市场性更多地表现在货币和金融层面。在货币层面，不仅使用利率和货币总量等典型的货币政策手段，还使用信贷政策对金融机构信贷总量和投向实施引导、调控和监督，促使信贷投向不断优化。在主流理论中，信贷额度管理是可以通过市场化手段来实施的，如果这样的话，信贷额度会对货币数量的变化做出系统性反应。但是在中国实践中，信贷额度不会对货币供应量的变化做出系统性反应。这说明，中国货币当局的信贷额度管理具有很大的行政色彩。

这种非市场化的信贷政策，不仅可控性高，而且对实体经济的影响也更直接。在金融层面，占主导地位的银行体系不仅直接受到信贷政策的制约，而且还受到各种频繁变化的规制措施的影响。

考虑到非均衡经济增长模式的要求，中国的宏观经济政策需要配合产业发展方向，体现出强烈的结构性导向。相比于货币政策，财政收支的变化不仅具有总量效应，还具有明显的结构效应，能够对总供给和总需求的结构产生显著影响。这就使得财政政策在中国宏观经济框架中具有比货币政策更强的实际重要性。在一般逻辑中，货币政策的影响主要是总量效应，通过改变整个社会的融资成本和融资可获得性，对所有部门产生相对均衡的影响。在此逻辑下，无论是调控货币总量还是调控利率，只是中介目标的变化，在最终对实体经济的影响上没有区别。但是从中国的客观情况出发，一方面金融市场缺乏深度和广度，无论是货币数量还是短期利率，都缺乏向实体经济有效传导的市场渠道和机制；另一方面非均衡增长模式对宏观经济政策有结构性影响的要求。这注定了货币政策在中国宏观经济政策框架中的实际地位低于财政政策。不仅如此，为了配合产业发展导向，在传统的货币政策操作以外，中国的货币当局对非市场化的、能够产生结构效应的政策手段具有明显的偏好。

三　新常态对中国宏观经济政策框架提出的挑战和新要求

面对经济新常态下的种种深刻变化，过去一段时间所出现的宏观调控效果下降和强政策刺激带来严重后遗症的问题，并不是政策松紧程度、具体工具选择和传导机制方面的问题，而是中国宏观经济政策框架的整体性问题。因此，我们认为在未来较长一段时间内，中国所需要考虑的政策再定位，不只是政策松紧程度或政策刺激力度的简单调整，也不只是政策工具的调整和政策传导渠道的完善，而是宏观经济政策框架的整体性调整，尤为重要的是政策目标的再定位、政策调控宏观经济动态平衡关系的着力点的重新选择，此后才是政策工具的调整和政策传导机制的重构。展望未来的调整之路，我们尤其需要关注 2015 年中国经济在新常态中出现的新变化。这就是中国国际收支在 2015 年从过去常态化的双顺差变为“一顺一逆”，即经常项目顺差和资本金融项下私人资本流动逆差。具体考察经常项目顺差和私人资本流动逆差的构成，我们将会发现这种状况中蕴藏着巨大的风险，并对中国宏观经济政策框架提出更深层次的调整要求。

1. **在实现经济赶超战略之后，中国宏观经济政策框架的总体目标定位需要改变。宏观经济政策层面在考虑是否能够创造出更多产出，即关注所谓的经济增长的同时，应该更加关注经济增长的成本与质量，应该更加关注增长的结果能否转化为家庭消费的增长和社会福利的提高。**

以经济增长或者说经济总量扩张为目标导向的宏观经济政策，是经济赶超战略下的必然选择。随着中国经济总量的扩张，中国已经成为全球第二大经济体，经济总量仅次于美国。中国的人均 GDP 也超过了 8000 美元，早已达到中等发达国家的水平。虽然对于赶超战略并无明确的量化标准，但是总体上可以认为，中国事实上已经完成了所谓的经济赶超战略。

在此背景下，提高和改善民生福利成为更为迫切的现实需求。在一般意义上，民生和福利是考量经济和社会问题的终极目标与标准，并且是与经济总量扩张无法绝对割裂的。但是在特定时期，民生和福利可以让位于总量扩张目标。在这种情况下，民生和福利问题在很大程度上变成了“需要在未来解决的问题”，或者说是“在解决经济增长问题之后再去解决的问题”。虽然现有理论逻辑和实践经验都无法告诉我们，在中国目前的情况下民生福利与总量扩张在绝对意义上哪个更加重要。但是从中国现实的社会情况来看，民生和福利问题的相对重要性与影响已经显著提高。由此，相对于增长的速度，增长的质量已经变得更为重要。也就是说，对增长问题的关注，不只是关注增长速度问题，而是更为关注经济增长的成本与经济增长的稳定性；对经济增长的就业创造效应的关注不只是就业岗位数量的增加，而是更为关注能否创造出更多高质量的就业岗位。

所有这一切的背后，是因为随着工业化进程的完成与经济赶超战略的初步实现，对民生和福利问题的关注成为整个社会的现实需求。不仅如此，在传统的非均衡增长模式下，出口—投资驱动的经济增长往往意味着社会福利增进速度远远滞后于经济增量的扩张速度。一个非常简单的逻辑是，在这样的增长背后，增加的供给主要被用于投资或者流向国外，这就抑制了国内家庭消费的增长和福利的提高。

因此，宏观经济政策层面在考虑是否能够创造出更多产出，即关注所谓的经济增长的同时，应该更加关注经济增长过程的成本与质量，应该更加关注增长的结果能否转化为家庭消费的增长和福利的提高。所有这些都意味着，中国宏观经济政策应该改变过去的“增长压倒一切”的目标定位。

2. 世界经济再平衡使得中国出口增速趋势性下降，不仅导致中国面向全球市场的产能出现全面过剩，而且使得中国企业部门的高杠杆率难以维系。去产能与去杠杆交织在一起，加大了中国宏观经济的短期波动风险。与此同时，人口结构变化和产业结构调整结合在一起，降低了中国就业目标和收入目标对高经济增长速度的依赖性。这两方面变化使得增长和就业目标的重要性相对下降，宏观经济短期稳定性的重要性相对上升。

随着世界经济再平衡过程得到实质性推进，中国工业制成品出口难以维持过去的高速增长态势，这导致中国非均衡增长模式的外部条件发生了变化。全球金融危机驱动全球失衡进入实质性调整过程。全球失衡规模在 2006 年达到了一个历史顶峰，此后随着全球金融危机的爆发及之后的缓慢复苏则是不断下降。特别是全球金融危机以后，全球经常项目失衡规模显著下降。2006 年以来，全球经常项目失衡规模占世界 GDP 的比重从 5.5% 降至 3.5%；全球贸易失衡规模占世界 GDP 的比重从 5.4% 降至 4.1%。

作为全球失衡中最大的两个失衡国，中国贸易顺差占 GDP 比重从 2007 年的最高点 8.7% 降至 2014 年的 2.7%，美国贸易逆差占 GDP 比重从 2006 年的最高点 5.6% 降至 2014 年的 3.1%（见图 3—1 和图 3—2）。

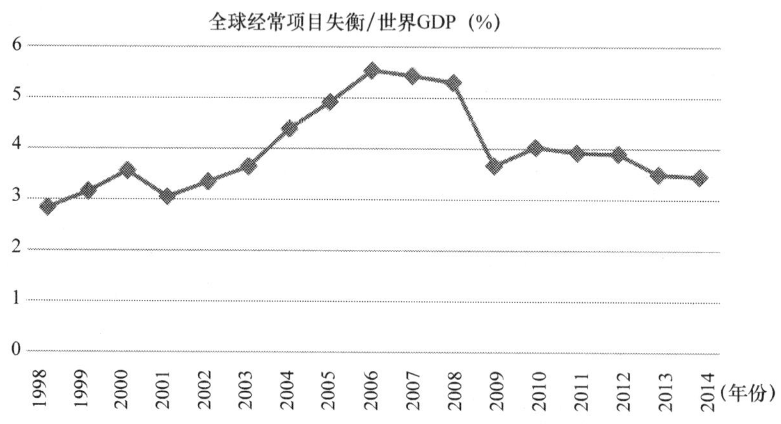

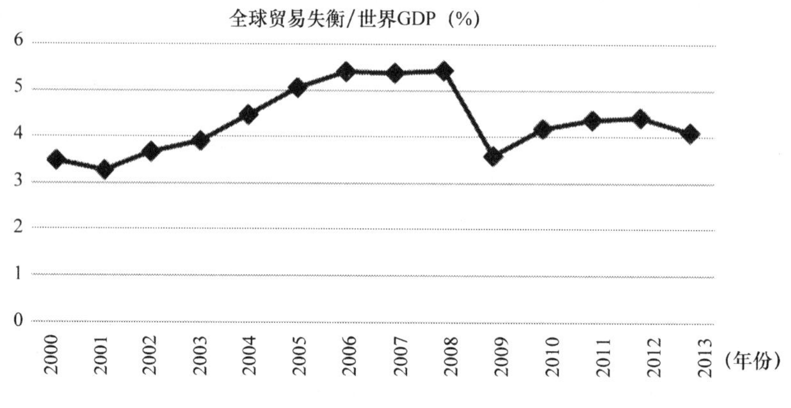

图 3—1 全球失衡的调整[①]

① 根据 IMF 的《世界经济展望》数据整理而来。

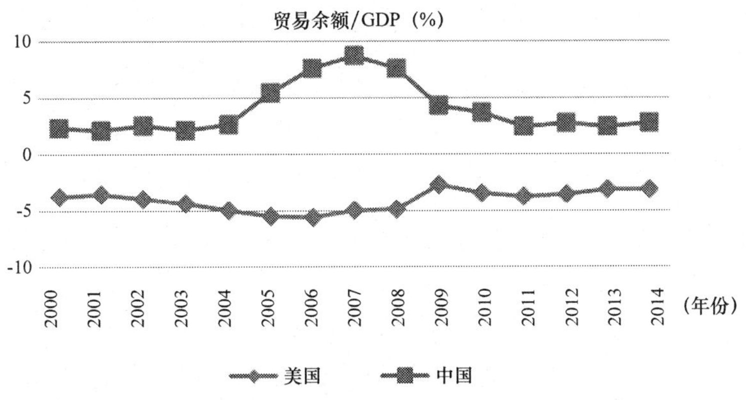

图 3—2　中国和美国的贸易失衡规模都显著下降①

工业制成品出口的高速增长是中国在加速推进工业化进程中的必然要求。在前文的分析中我们已经指出，工业部门投资扩张所带来的不断增加的制成品供给最终必须依靠国际市场来吸纳。在一般逻辑上，出口增长速度受制于两方面因素，一是目标市场总规模的扩张速度，二是在目标市场上所占份额的提升速度。但是对于中国的制成品出口来说，2000 年以来的高速增长主要来自在目标市场上所占份额的迅速提升，也就是说，中国制成品出口高速增长的动力主要来自国际市场上的替代效应。21 世纪以来，随着制成品产品内国际分工不断向中国延伸和扩展，中国逐步成为亚洲生产价值链条上的加工、

① 数据来自 2015 年 10 月 IMF 的《世界经济展望》。

组装和出口中心，与此相伴随的必然是中国在国际市场上对原有制成品供给国的替代。2000 年以来，在全球制成品进口中，来自中国的份额提高了 12 个百分点左右（见图 3—3）。越来越高的国际市场份额被中国占据，这

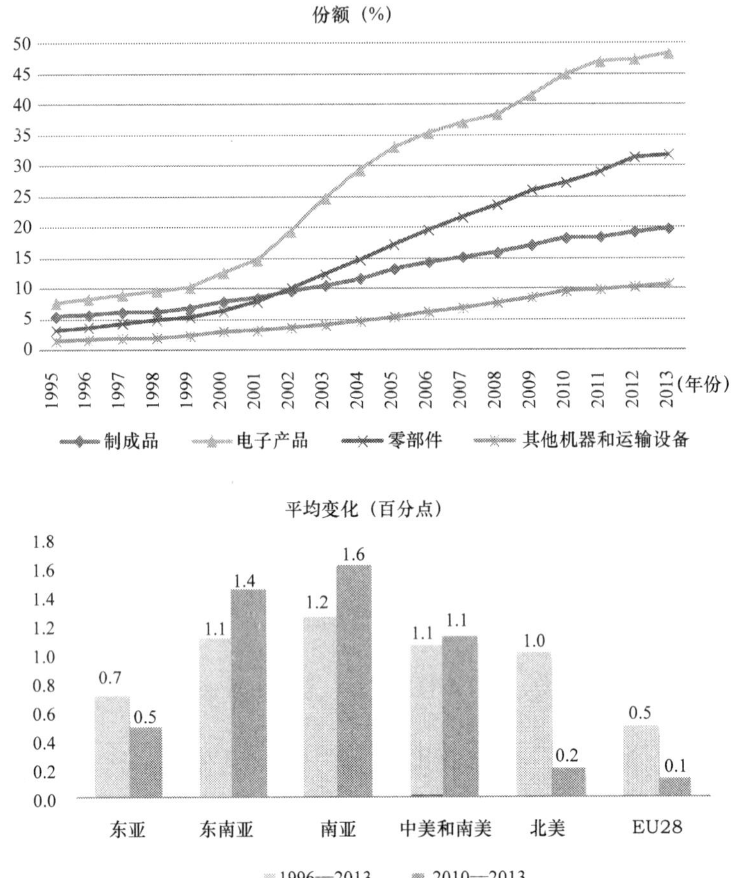

图 3—3　中国在世界制成品市场上的份额及变化[①]

① 该图指的是在主要市场制成品进口中的占比及其变化。数据来自 UNCTAD。

意味着中国在国际市场上对其他制成品供给国的替代。正是源于这一替代过程，中国的制成品出口增长速度才能远高于目标市场总体规模的扩张速度。

在逐步成为亚洲价值链条上加工和组装中心的过程中，中国在欧美以及东亚市场上取代原有的其他亚洲制成品供给者。这带动了中国对欧美和东亚市场制成品出口的高速增长。根据 WTO（2011）的研究，这一替代过程在 2006 年左右基本完成。次贷危机以后，中国制成品出口在欧美和东亚市场总进口中占比的增幅明显下降。虽然欧美和东亚市场的绝对规模很大，但是在中国所占市场份额不再提高的情况下，中国的制成品出口增速将严格受制于市场整体规模的扩张速度。而对于欧美和东亚这样的大市场，整体市场规模的扩张速度是有限的。在此背景下，中国对欧美和东亚市场的制成品出口的增长速度大幅度下降。

在不断开拓新市场的过程中，中国对东南亚、南亚和中南美洲等新兴市场的制成品出口依然有很大的增长潜力。但是，对比危机前后的情况，中国制成品出口的年均增长速度下降了 3.9 个百分点。其中，北美、欧盟和东亚市场对中国制成品出口增长的拉动率下降了 5 个百分点，亚洲和中南美洲市场的拉动率上升了 0.6 个百分点，其他新兴市场的拉动率基本没有变化（见图 3—4）。因此，虽然亚洲、中南美洲以及其他新兴市场的地位显著提高，但是这些市场贡献的增长动力并不能完全弥补北美、欧盟和东亚市场增长动力的下降。这意味着中国制成品出口在未来很难恢复 2008 年以前的持续、高速增长态势。

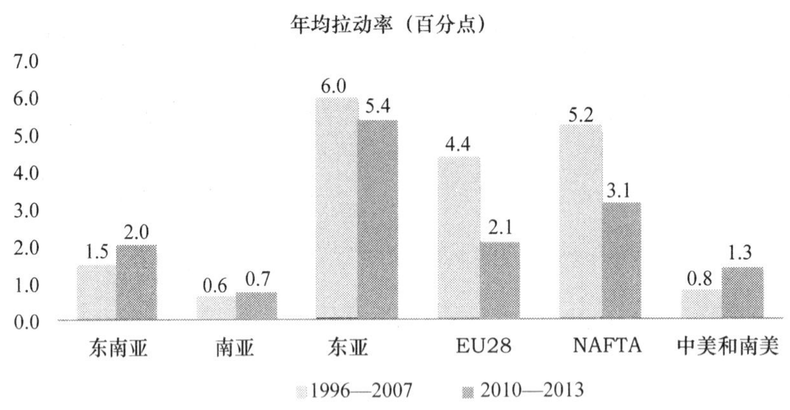

图 3—4 不同地区对中国制成品出口的拉动率[①]

伴随出口增速的趋势性下降，中国面向全球市场的产能出现全面过剩，由此带来了去产能压力。这与内生的结构调整要求结合在一起，意味着中国的经济转型过

① 数据来自 UNCTAD，这里的东亚包括日本。

程要面临更加严峻的去产能压力。如前所述，在中国特有的信贷驱动型投资增长模式下，高投资对应着企业部门的高杠杆率。在出口和投资的循环增长过程中，企业部门的高杠杆率得以维持。世界经济再平衡打破了中国出口和投资之间的循环增长机制，企业部门的高杠杆率也随之失去了维持动态平衡的基础条件。因此，去杠杆必然与去产能相伴而行。全面产能过剩带来全面通货紧缩，与企业部门的高债务水平及高债务负担结合在一起，使得通紧—债务效应不断发酵，由此带来了更为严峻的去杠杆压力。在严峻的去杠杆压力之下，各类经济体一旦得到资金，其优先选择是将之用于充实资本和减少负债，而不是用于消费和投资等正常经济活动。这种修复资产负债表的行为使得企业在很长一段时期内，经营目标从“利润最大化”转向“负债最小化”，在整个社会形成不事生产和投资的局面，由此导致消费低迷、投资停滞、信用紧缩和经济衰退。总之，去产能与去杠杆交织在一起，必然导致中国宏观经济的短期波动风险加大。

另一方面，产业结构的变化，特别是服务业占比的上升，有助于提升中国经济增长的就业创造效应。解决就业问题所需要的 GDP 增速底线明显降低，宏观经济政策框架对 GDP 增速下降的容忍程度提高。近年来，在中国 GDP 增速不断下降的过程中，就业形势并没有恶化。究其原因，首先是劳动供给的下降。劳动年龄人口即 16—59 岁之间的人口总数正在逐年减少，自 2012 年以来已连续三年减少，其中，2014 年比 2013 年减少了 371 万，这在一定程度上缓解了就业压力。其次是 GDP 增长的就业创造能力的提高。从图 3—5 中可以看出，2008 年以来，城镇新增就业与 GDP 增速之间的相对差距扩大。GDP 增长的就业创造效应明显提升，2008—2015 年，单位 GDP 增速带来的新增城镇就业从 119.5 万提高到 190.1 万。

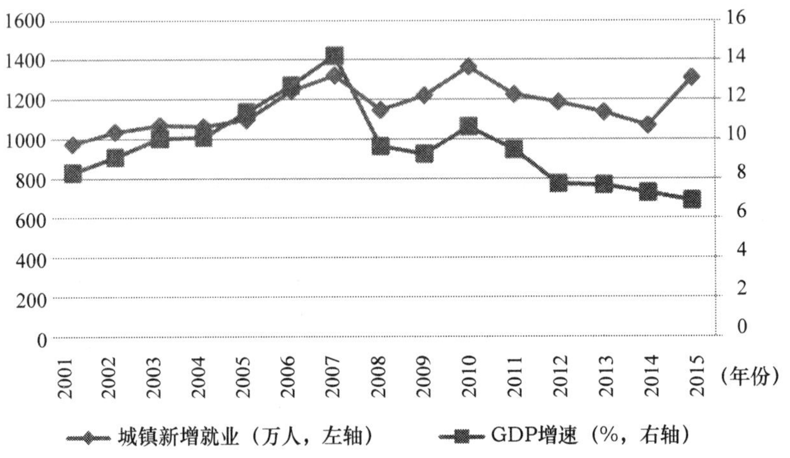

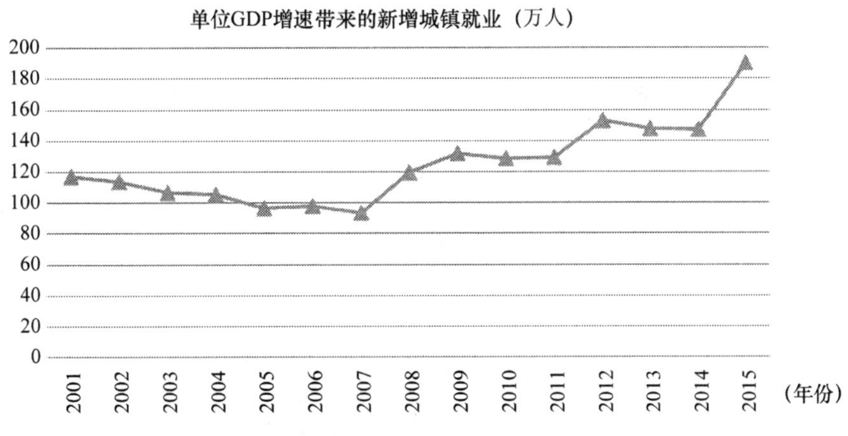

图 3—5 GDP 增长的就业创造效应提高

GDP 增长的就业创造效应的提升，主要来自两方面因素。首先是总量因素。随着中国经济总量规模的扩张，一个百分点的增长速度所对应的 GDP 增量明显高于过去。其次是结构因素，即服务业的迅猛发展。我们知道，相对于制造业，服务业是典型的劳动密集型产业。因此，服务业的就业弹性远高于工业部门。从图 3—6 中可以看出，服务业的短期就业弹性比工业高 0.06，长期就业弹性比工业高 0.11。在当前的情况下，第三产业每亿元增加值吸纳的就业比第二产业多 170 人。随着经济增长的就业创造效应的提高，解决就业问题对 GDP 高增长速度的依赖性不断降低。这就提高了中国宏观经济政策调控对 GDP 增速下降的容忍底线。在长期增长和短期稳定性这两个基本维度上，宏观经济政策有必要，也可以更多地关注短期宏观经济稳定问题。

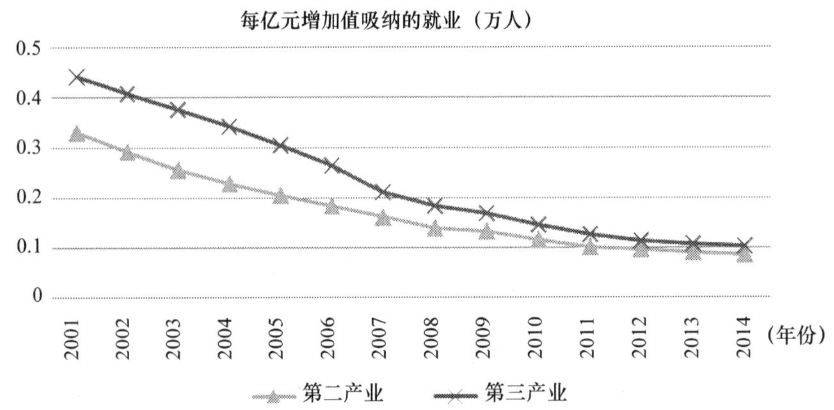

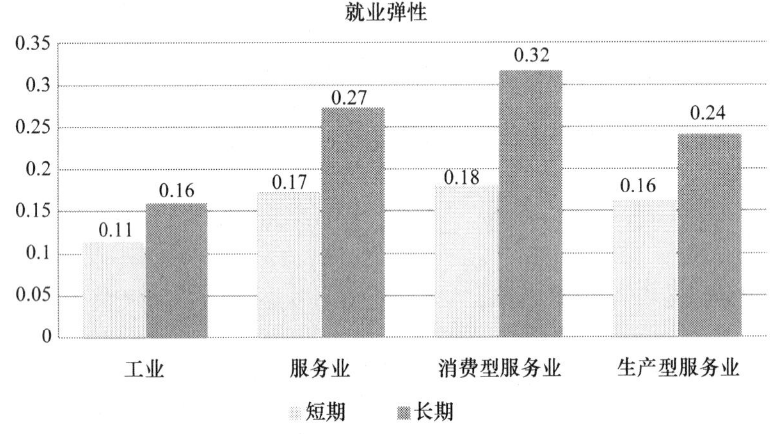

图 3—6　服务业占比上升有助于提高中国 GDP 增长的就业创造效应

总之，一方面是世界经济再平衡使得中国出口增速出现趋势性下滑，面向全球市场的国内产能出现全面过剩。这与中国内生的结构调整交织在一起，使得中国的经济转型过程面临更加严峻的去产能压力。企业部门的高杠杆率也随之失去了维持动态平衡的基础条件，去杠杆必然与去产能相伴而行。全面产能过剩带来全面通货紧缩，与非金融企业高负债水平结合在一起，使得通缩—债务效应不断发酵，由此带来更为严峻的去杠杆压力。去产能与去杠杆交织在一起，必然导致中国宏观经济的短期波动风险加大；另一方面，人口结构变化和产业结构中服务业占比的上升结合在一起，降低了中国就业目标和收入目标对高经济增长速度的依赖性，这就提高了中国宏观经济政策对GDP 增长速度下降的容忍程度。综合这两方面的变化，在中国宏观经济调控中，增长和就业目标的重要性相对下降，而宏观经济短期稳定性的重要性相对上升。

3. **通货紧缩不仅会压低实体经济中的生产收益，还对实体经济的投资和生产活动产生负面影响。通货紧缩与企业高债务水平及高债务负担相互叠加，导致通缩—债务效应不断发酵，不仅带来了内生性紧缩效应，也削弱了中国价格型货币政策工具向实体经济的传导效率。这凸显了物价稳定目标在宏观经济政策中的重要意义。**

通货紧缩及其影响全面显化，特别是通缩—债务效应不断发酵。在总需求不足、内生性紧缩以及国际大宗商品价格下滑等因素的作用下，中国的通货紧缩形势日益严峻，并处于快速蔓延的状态之中。这表现在以下几个方面：一是进出口价格持续低迷，输入性通货紧缩的力度不仅没有得到缓解，反而进一步提升了。二是工业品出厂价格和购进价格持续负增长，工业领域的整体通缩进一步加剧。三是 CPI 持续回落，远远低于目标价格水平。四是与整体宏观经济更为密切的 GDP 平减指数持续为负。

在通货紧缩持续蔓延的作用下，名义 GDP 增速与实际 GDP 增速的对比状况逆转。2015 年，名义 GDP 增速为 6.4%，实际 GDP 增长 6.9%。这是 2010 年以来首次出现名义增速低于实际增速的情况。对比不同产业的情况，可以看出，通货紧缩现象主要发生在第二产业。自 2012 年以来，第二产业的名义增速一直低于实际增速，2015 年两者的差额扩大到 5.1 个百分点。第三产业的名义增速依然是高于实际增速（见图 3—7）。

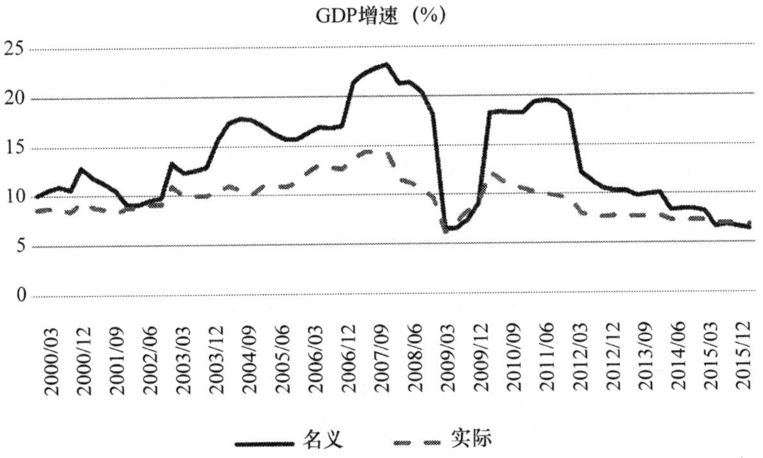

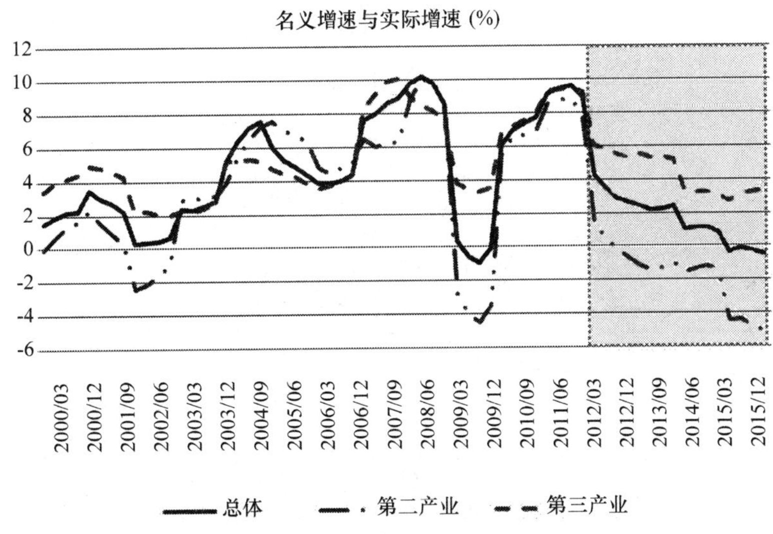

图 3—7　中国 GDP 及不同产业的名义和实际增速对比

全面的产能过剩和通货紧缩，导致实体经济的投资和生产收益大幅下降。工业企业利润更是进入了负增长时代。2015 年，规模以上工业企业利润总额同比下降 2.3%，增速比 2014 年同期回落 6.6 个百分点，比 2013

年同期下滑 14.5 个百分点。与此同时，工业企业的亏损面呈现大幅度扩散的趋势。2015 年，规模以上工业企业亏损单位数同比增长了 20.6%，比 2014 年和 2013 年分别提高了 8.4 个和 16.3 个百分点。规模以上工业企业的亏损总额增长更快。2015 年，规模以上工业企业亏损总额增长了 31.3%，与 2014 年和 2013 年相比分别提高了 8.9 个百分点和 36.4 个百分点（见图 3—8）。

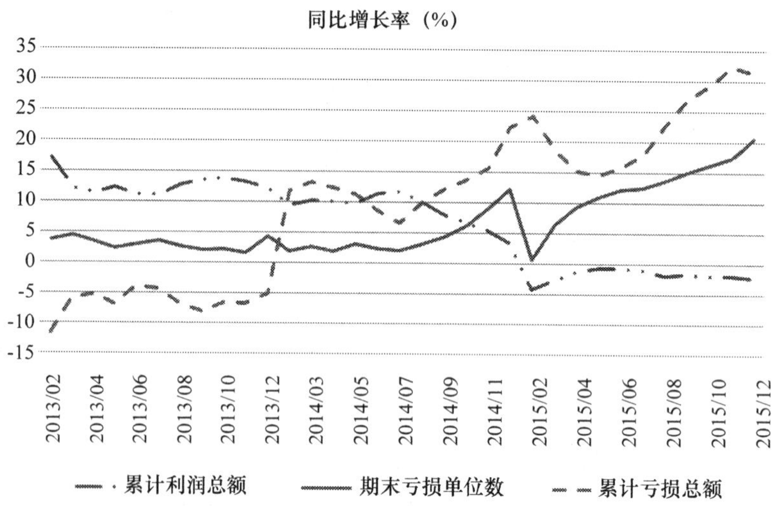

图 3—8 规模以上工业企业利润和亏损情况

中国国内债务风险主要集中在非金融部门。这既与中国的金融体系结构相关，也在一定程度上是 2008 年大规模刺激政策留下的后遗症。在国内，股权市场相对不发达，企业外部融资主要依靠贷款或发行债券等债务形式，其中贷款更是占据了较大比例。金融危机后，中国出台了大规模经济刺激计划，形成了“中央财政资金先期进入、地方财政资金立即配套、商业银行贷款大幅跟进”的资金配置模式，导致信贷大规模扩张，直接造成非金融部门债务规模的快速增长。2008 年以后中国企业部门债务规模及债务率迅速攀升，远远高于其他部门。2008 年企业部门的债务规模约为 32.7 万亿，债务率刚刚超过 100%，到 2014 年年底，该部门的债务率已经超过 170%。这一债务率水平不仅远远超过 90% 的国际警戒线，同时也大大高于其他国家非金融部门的债务率水平。

通货紧缩与企业高债务水平及高债务负担相互叠加，导致“通缩—债务”效应不断发酵，局部风险恶化和蔓延的程度随时可以加剧，带来的内生性紧缩效应也将更为严重。生产领域的通货紧缩与高债务率产生叠加效应，直接导致企业实际负担成本大幅度上扬。2015 年的多次降息使得企业融资成本下降了 100 多个基点，但是企业的实际融资成本反而提升了 160 个基点。这是 2015 年企业亏损面和亏损额大幅度提升的原因之一。

4. 世界经济再平衡过程与中国国内经济再平衡过程的相互交织，降低了中国继续推行出口—投资驱动型增长模式的可能性和必要性。供给侧管理或者结构调整，在加速淘汰落后过剩产能和培育新产业的过程中，要面对短期必然出现的“创造性破坏效应”，宏观经济政策要积极的需求管理为整个社会提供福利托底。这两方面都要求中国的宏观经济政策框架从生产导向和长期导向转变为消费导向和短期导向。

国内经济再平衡过程全面启动，带动国内总供给结构和总需求结构的持续变化。世界经济再平衡过程和国际市场条件的变化，使得中国传统的非均衡增长模式走到了尽头。沿着前文的分析逻辑，受外部变化冲击最大的是中国的工业部门。因此，国内的再平衡过程在供给结构上表现为国内工业部门的相对萎缩和服务业的相对膨胀。2011—2014 年，在中国的产业结构中，第二产业占 GDP 比重下降了 5.6 个百分点，服务业占比提高了 6.2 个百分点。第二产业占比下降全部来自工业占比的变化，后者在同期下降了 5.7 个百分点。在对 GDP 的增长贡献上，服务业的贡献持续提升，2011—2014 年提高了 3.8 个百分点；第二产业的贡献持续下降，2011—

2014年下降了4.4个百分点，其中工业的贡献下降了6.9个百分点。2014年，服务业对GDP增长的贡献不仅超过了工业，也超过了包括工业和建筑业在内的整个第二产业（见图3—9）。

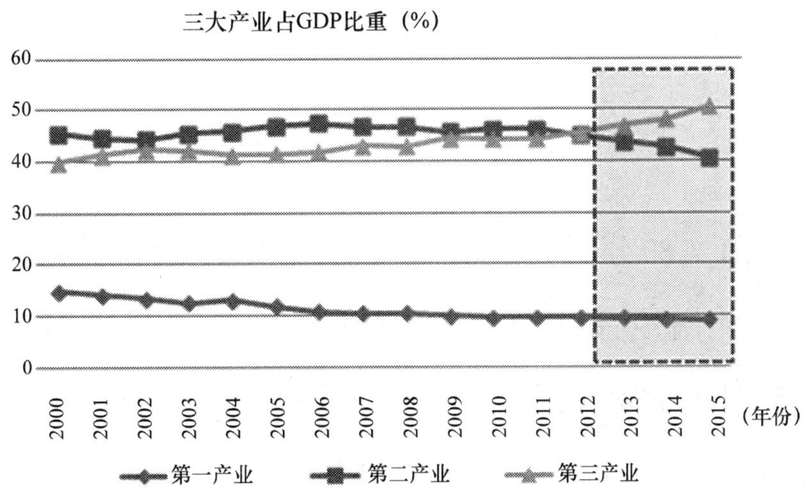

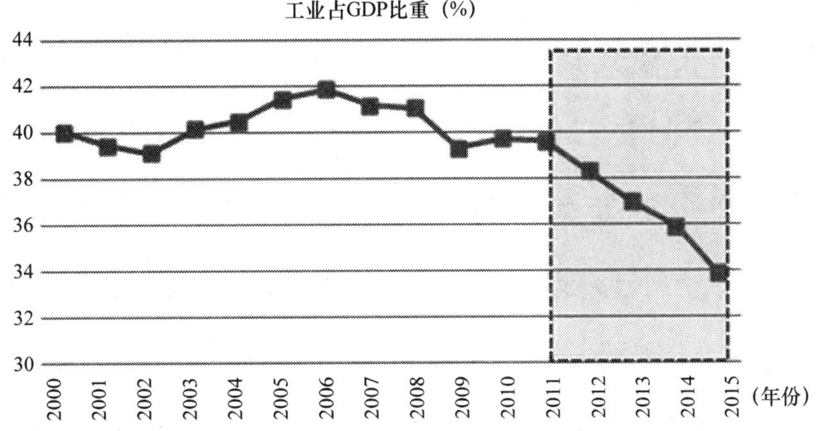

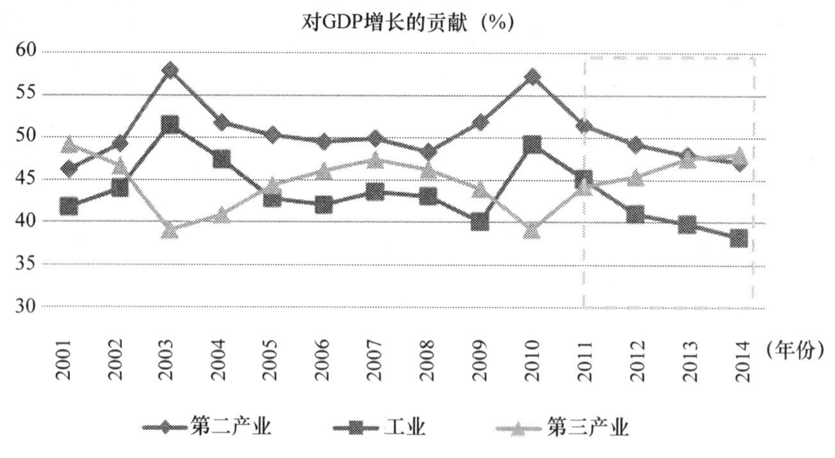

图 3—9 服务业对 GDP 增长的贡献全面超过工业

在前文的分析逻辑中，中国非均衡增长模式下存在“工业制成品出口→工业部门投资→工业部门扩张→整体经济增长”这样的传导机制。因此，外部再平衡冲击下的国内供给结构调整在另一个角度上必然表现为国内总需求结构的再平衡，出口—投资驱动的非均衡增长模式逐步让位于消费—内需驱动的均衡增长模式。2011—2014 年，消费占中国 GDP 的比重提高了 1.2 个百分点，其中居民消费占比提高了 1.2 个百分点；资本形成的占比下降了 1.5 个百分点。在资本形成中，工业部门资本形成的增速下降尤为明显。2011 年以来，制造业固定投资增速持续低于全社会固定投资增速（见图 3—11）。在对 GDP 增长的贡献上，国内消费增长对 GDP 增长的贡献超过了资本形成的贡献，成为推动 GDP 增长最重要的需求力量（见图 3—10）。

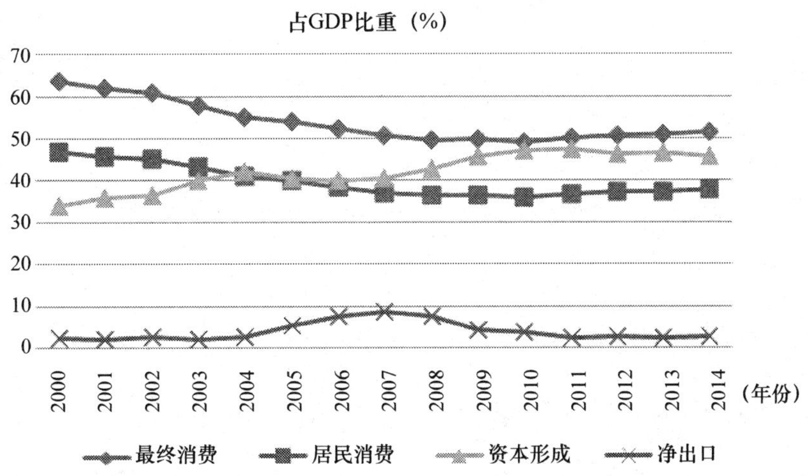

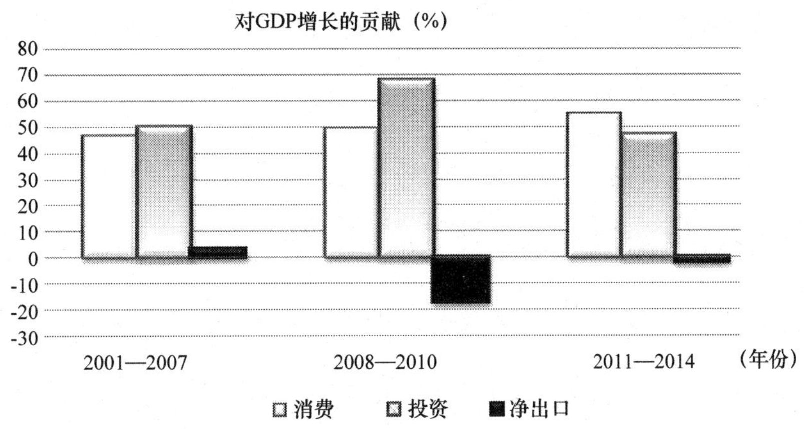

图 3—10　国内消费增长对 GDP 的贡献超过投资

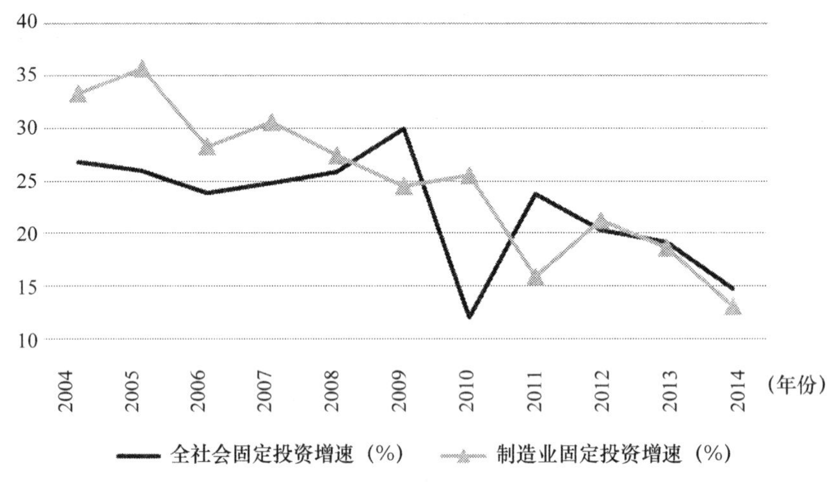

图 3—11　制造业固定投资增速持续低于全社会固定投资增速

沿着前文的分析逻辑，上述供给层面的调整意味着非贸易品供给的相对增加，总供给中非贸易—贸易品比率提高。这种调整有助于缓解消费需求增长的供给约束，进而推动消费需求和总需求的增长。伴随供给结构中非贸易品—贸易品壁垒的提高以及国内总需求的扩张，供给过剩状况得到缓解，贸易顺差规模下降。（调整过程如图 3—12 所示）在这种情况下，国内总供给扩张对贸易顺差的依赖性显著降低。不断增加的非贸易品供给依赖国内消费的增长就可以解决市场实现问题。在前文的分析中，中国的消费需求增长在很大程度上受到了国内非贸易品供给不足的制约。也就是说，潜在的、有收入支持的消费需求，只是因为缺乏供给而无法变成现实需求。因此，在非贸易品供给增加后，消费需求能够自发增长，而无需专门的政策刺激。近年来，中国网络购物、海外代购以及海外旅游的迅猛发展，并没有得益于某种特殊的政策刺激，只是因为在放松相关限制后国内外的供给增加了。这就是非常有力的证据。随着结构调整过程的展开，宏观经济运行过程对贸易顺差的依赖性不断降低，这就使得现有的各种刺激出口、维持贸易顺差的政策手段和工具失去了存在的必要性。这种在经济增长放缓过程中出现的再平衡，改变了中国经济增长的非均衡性、内外平衡之间的联系机制。

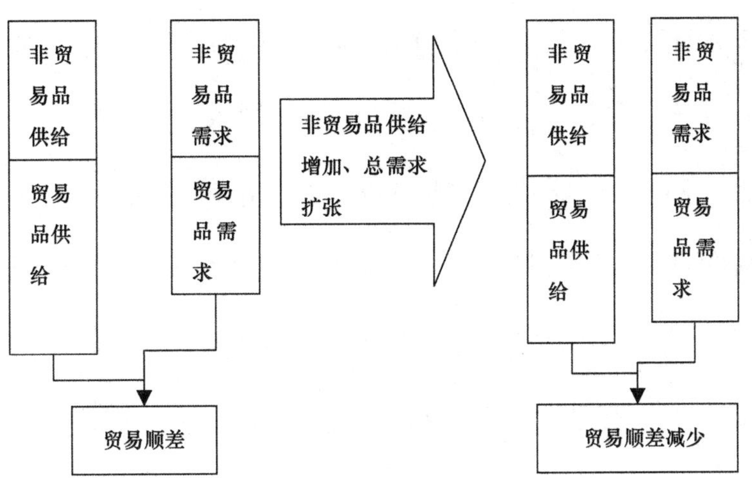

图3—12 非贸易品供给增长→总需求扩张→贸易顺差减少

经济增长直接意味着总供给的增加。任何一种经济增长模式，其可持续性依赖在供给扩张的同时能够解决供求平衡问题，也就是在供给增长之后能否顺利解决其市场实现问题。在宏观经济分析中，投资兼有需求和供给两种属性。投资增长在当期意味着需求增加，在下一期则意味着供给扩张，这要求下一期的需求能够更快增长。在宏观经济所要求的这样的动态平衡关系中，必然要求投资之外的其他总需求成分能够顺利增长。

考虑到中国在非均衡增长模式下投资和生产扩张偏向于以制造业为主的贸易品部门，总供给的产品属性与消费层面不断增长的非贸易品需求不完全匹配。所以，投资增长带来的更多的供给，在市场实现问题上越来越依赖于外部需求。由此就决定了中国非均衡增长模式的两个基本特征，总供给结构偏向于贸易品部门，总需求结构偏向于投资和外需。基于非均衡增长模式在供给结构和需求结构上表现出来的特征，中国构建了以投资和外需为着力点的政策调控框架。

根据前文的分析，在世界经济再平衡过程中，中国出口的高速增长已经不具备外部条件。这种变化并不是源于成本、价格或其他竞争力方面的因素，所以，宏观经济政策即便能够影响出口企业的成本和价格，也无法重现过去的出口高速增长状态。这使得出口—投资驱动的增长模式走到了尽头。基于前面分析的宏观经济动态平衡过程，以投资为着力点的宏观调控模式也肯定会出现问题。因为缺少了来自出口高速增长的需求支持，中国传统的以投资为首要着力点的宏观调控模式，在刺激投资和维系增长的同时，已无法实现宏观经济的动态平衡。2008 年中国实施的强刺激政策，在随后带来了严重的产能过剩问题。这就是最有力的证据。

随着国内产业结构的调整，服务业占比上升、工业占比下降，这意味着中国供给结构中的非贸易品—贸易品比率不断提高。对于非贸易品供给，其市场实现只能依赖国内需求，主要是居民消费需求。加之中国居民消费需求一直受到非贸易品供给不足的刚性约束，因此，随着非贸易品供给比率的提高，居民消费需求必然呈现出更快的增长速度，居民消费在总需求中的地位显著提高。这就要求在宏观经济调控中更多地考虑消费需求问题。在供给约束不断缓解的情况下，消费需求的增长将更多地受制于可支配收入、金融约束和消费倾向等因素。这也提高了针对消费需求展开宏观调控的可能性。

而供给侧管理或者结构调整，在加速淘汰落后过剩产能和培育新产业的过程中，总会面临旧产业业已退出、新产业尚未补进的状态。在这种所谓的主导产业真空状态中，整个社会的就业和收入等必然会出现问题。这就要求政策在此发挥关键作用。也就是面对短期必然出现的“创造性破坏效应”，宏观经济政策通过减税、增加转移支付和强化社会安全网等，为整个社会提供福利托底。从这个意义上说，供给侧改革需要需求管理的配合。在需求管理方面，过去通过外需和投资渠道影响宏观经济动态平衡的政策实践，扭曲了市场机制的作用，也带来严重产能过剩等后遗症。因此，未来需求管理方面的重点则应该从外需和投资转向居民消费。无论是为了更加有效地影响宏观经济动态平衡关系并避免政策调控带来扭曲和负面后果，还是为了在结构调整和增长动力机制转化时期发挥宏观经济政策的社会福利托底作用，中国宏观经济政策框架的总体目标定位应该从生产导向和长期导向，转变为消费导向和短期导向，在收入调节、社会保障和社会福利等方面发挥更加积极和主导的作用。

总之，随着中国经济非均衡增长模式向均衡增长模式的调整，需要转变以投资着力点的传统宏观调控模式，要更加关注政策调控如何通过消费渠道去影响宏观经济的动态平衡。供给侧管理或者结构调整，在加速淘汰落后过剩产能和培育新产业的过程中，要面对短期必然出现的“创造性破坏效应”，宏观经济政策要积极的需求管理为整个社会提供福利托底。这同样要求中国的宏观经济政策从生产导向和长期导向转变为消费导向和短期导向。

5. **处于大调整期的中国经济，将会更加频繁地面临金融失衡积累乃至泡沫的产生和破灭等问题。大开放背景下，跨境资本的双向流动性显著上升，使得中国的金融体系全方位地暴露在国际金融冲击之下。缺乏深度和广度的国内金融市场会放大内生金融冲击和外生国际金融冲击的影响。这就凸显了金融稳定性的重要意义，要求在宏观经济政策框架中纳入金融稳定目标。**

供给层面的深入调整不仅需要制度变革的支撑和宏观经济政策的引导，也需要金融层面的支持。由于新产业和新业态的发展前景面临巨大的不确定性和风险，在将社会储蓄导向新产业和新业态的投资过程中，需要金融体系在重复试错过程中完成投资项目的筛选和融资。通过引导和改变市场预期，甚至要借助于金融市场上的

"羊群效应"，才能为成长中的新产业和新业态提供充分的融资支持。利用大规模投资来克服新产业和新业态在成长初期所必然面临的投资成功率偏低的问题。在这样的逻辑之下，金融扩张领先于实体经济扩张具有必然性，是金融服务于实体经济结构调整的必然要求。

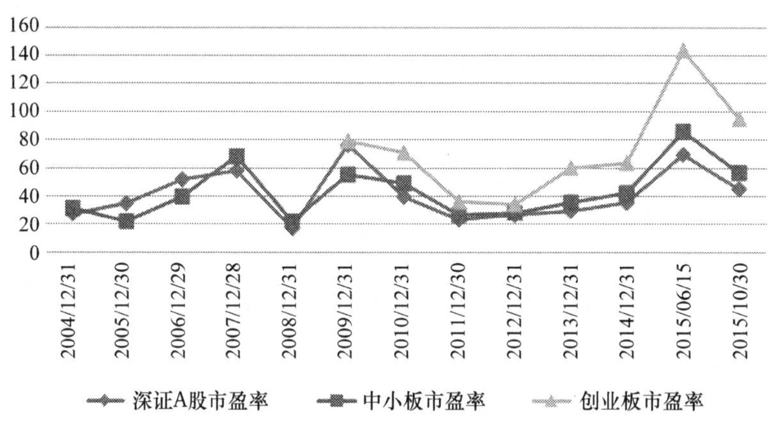

图 3—13 战略性新兴产业相关板块股票市场的市盈率①

源于短期推进结构调整的迫切需求，出现政府主导下的创新创业活动、运动式扶持和过度补贴，加之中国金融市场存在缺陷，新产业在成长初期更容易出现泡沫。从市盈率来看，深证 A 股、中小板和创业板等战略性新兴产业所在的股市板块均存在明显的泡沫。从图 3—13

① 数据来自 WIND。

看出，2015 年 10 月底，深圳市场股票平均市盈率为 45.08，中小板市盈率为 56.73，创业板市盈率为 94.60，显著高于各自的历史水平，其对应的年收益率也均显著低于市场无风险收益率水平，与企业绩效表现明显不符。

在实体经济部门萧条加剧的情况下，金融领域与实体经济领域背离的现象进一步加剧，导致生产领域的萧条与金融泡沫的并存。2012 年以来，在 GDP 实际增速持续下滑的过程中，金融业保持了较高的增长速度。特别是在 2015 年，在实体经济全面通缩的情况下，金融业增加值的增速反而大幅提高。在整个经济结构中，金融业扩张是推动第三产业占比上升的最主要力量。2015 年，金融业增长对服务业增长的贡献率达到了 30%。进入 2015 年，股票市场市值增长速度与工业企业利润总额增速的对比状况发生逆转。在工业企业利润增速进一步下降的同时，股票市场市值增速大幅提高。在股市泡沫破灭后，新的泡沫又开始在债券市场酝酿。中债—新综合总值净价指数结束了过去一年多的波动走势，开始持续上涨。公司债的发行出现了“井喷式增长”，且发行利率屡创新低（见图 3—14）。

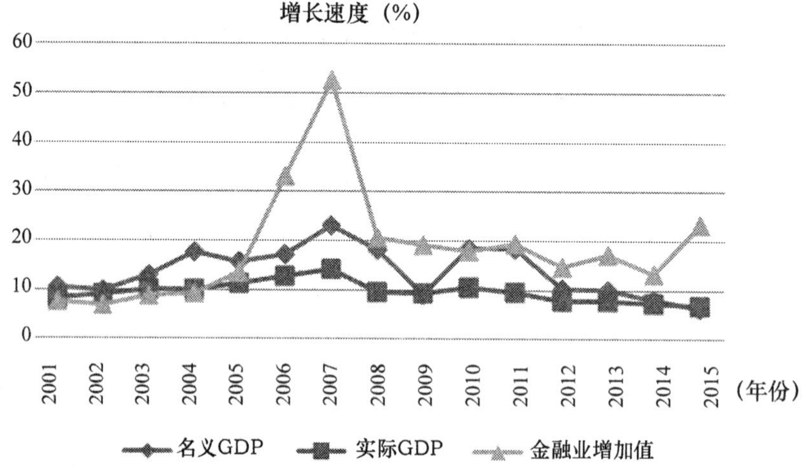

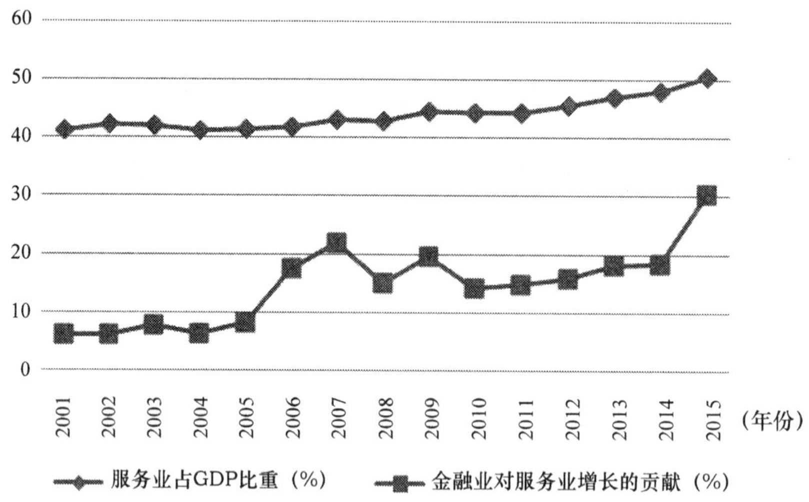

图 3—14 金融增长对实体经济的背离

去库存和去产能要求的存量调整必然意味着传统产业和业态的衰落。结构调整和增长动力机制转化在短期内必然会带来明显的“创造性破坏效应”。当然这不是中国经济大调整的全部内容，存量调整自然需要增量发展的配合。传统产能和旧业态的衰落需要新产业和新业态发展的跟进。但是，回顾世界经济历史和各国产业革命初期的表现，新产业和新业态的成长过程总是会伴随着产业泡沫的积累和破灭。这体现了新产业和新业态发展的内在逻辑，具有其必然性。新产业和新业态的高风险，传统产业和业态的衰落，加之金融内在缺陷导致的流动性向实体经济的渗透性偏低，导致资金“脱实就虚”地流动以及各种泡沫接连发生。但这也意味着，在中国经济的大调整期，必然伴随着失衡的积累乃至泡沫的出现和破灭，宏观经济和金融的波动和风险必然加大。

随着中国跨境资本双向流动性的显著上升，中国宏观经济和金融稳定性面临更大的外部冲击。在现有资本账户管理政策和汇率制度下，央行资产负债表是外部冲击向中国传导的主要渠道。在人民币加入 SDR 后，中国的金融体系全方位地暴露在国际金融冲击之下，缺乏深度和广度的国内金融市场会放大国际金融冲击的影响。这对中国宏观经济政策构成巨大挑战。在前文分析中我们已经指出，随着中国非均衡增长模式的调整，中国在实现宏观经济动态平衡的过程中对外需的依赖性明显降低。进一步考虑到中国融入国际分工的方式的变化，不仅在产出实现问题上对国外的依赖性降低，而且随着国内供应链对全球供应链的替代，在生产的中间投入上对国外的依赖性也不断降低。这在电子产品方面表现尤为明显。越来越多的电子产品，原来是利用来自国外的中间产品在国内组装，现在越来越多地利用来自国内的中间产品。如果是这样的话，那么，制造业生产过程对外依赖性降低。由此，在宏观政策框架中的汇率政策和资本管理政策就具有了调整的可能性和必要性。从近几年的情况来看，中国的总体经济增长基本符合预期，但是进口和出口的放缓速度比预期更快。这也意味着中国经济从投入到产出两个角度对外依赖性的下降。

在此背景下，金融渠道日益成为外部冲击向中国传导的主要渠道，由此跨境资本流动问题就应该成为中国宏观政策层面关注的重点。近年来，随着中国实体经济和金融开放程度的不断提高，跨境资本流动的规模和易变性显著提高，对中国宏观经济和金融稳定性构成了巨大威胁。贸易收支和 FDI 与实体经济活动的联系更为紧密，具有相对较高的内在稳定性。所以，我们考察的对象集中在非贸易和非 FDI 资本流动。从图 3—15 中可以看出，无论是经常账户下的非贸易项下的流动资本的流动、还是金融项下非 FDI 私人资本的流动，净流入规模的变化不大，但是流入和流出的总额规模却急剧上升。由此反映出中国跨境资本的双向流动性提高。资本双向流动性的提高，意味着资本流进和流出的规模同时增加，这种发生在同一时期内的大进大出的资本流动，对中国的金融稳定和宏观经济稳定构成了巨大威胁。

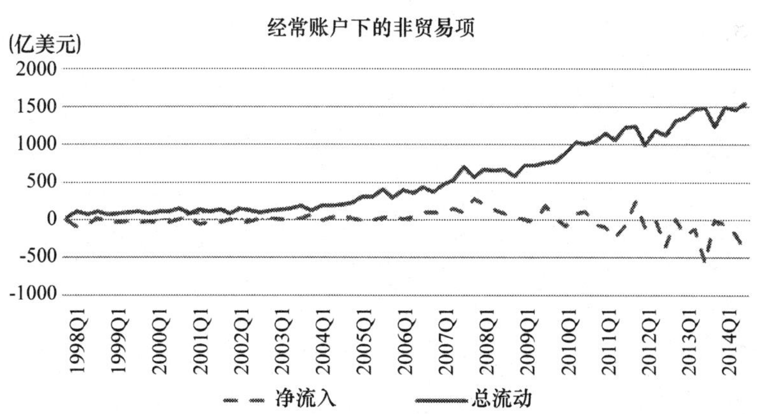

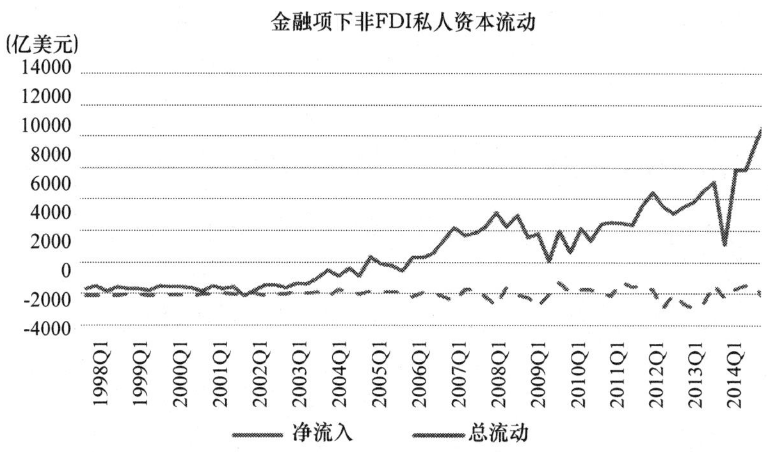

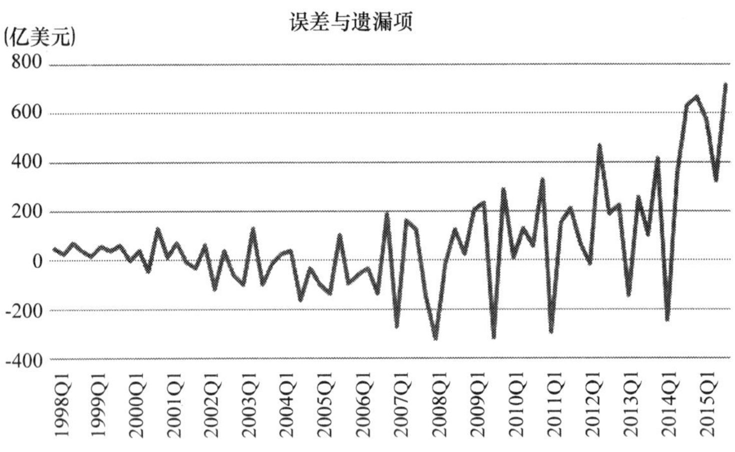

图 3—15 中国跨境资本的双向流动性提高[①]

跨境资本双向流动性和易变性的提高，会通过多种渠道冲击中国的经济和金融稳定性。第一个渠道是通过央行的资产负债表，对货币政策操作构成冲击。在中国

① 数据来自国家外汇管理局网站。

央行的资产负债表上，外汇资产占央行总资产的比重维持在80%左右，而国外负债占央行总负债的比重非常低，只有不到2%的比重（见图3—16）。币种结构的失衡使央行货币政策操作面临多重的两难困境和在汇率政策上陷入两难选择。一方面为了提高货币政策独立性和抑制投机性资本流动，央行必须允许人民币进行更大幅度的调整和波动；但是另一方面，人民币币值的大幅调整会导致央行外国资产的人民币价值下降，即出现所谓的“资产价格损失”。由于负债主要是人民币负债，所以人民币汇率的大幅变动，可以导致央行资产负债表恶化。其次是影响央行主动调控货币总量的能力。在基础货币投放量的总量控制下，资本流动性的提高导致央行控制基础货币的主动性严重下降，往往是跟随资本流动而被动改变投放。最后是对央行利率政策的约束。调控利率的政策会导致国内外利差的变化，不仅会改变央行资产的收益结构，也会导致资产方收益与负债方利息成本之间的不协调，使央行面临资产负债表恶化的风险。

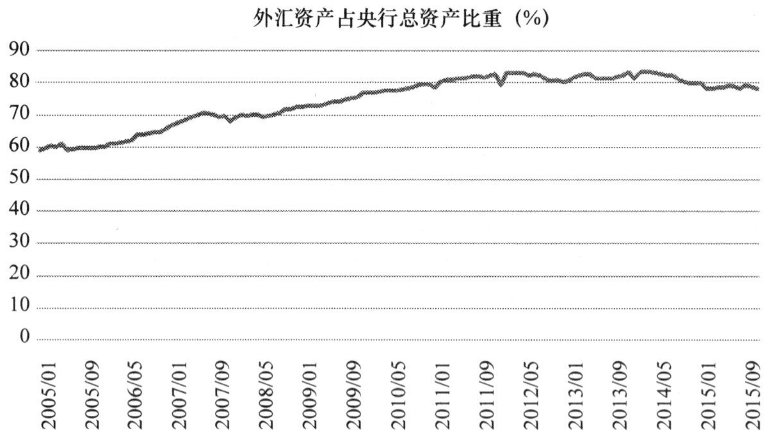

图 3—16　央行资产负债表存在的币种结构失衡①

央行资产负债表是中国金融体系暴露于金融开放和跨境资本流动的主要渠道。在央行之外，中国整个金融体系对跨境资本流动的暴露程度相对较低。境外存款

① 数据来自中国人民银行网站。

1.8万亿左右，占中国金融机构总存款的比重不到2%；境外贷款2.7万亿左右，占中国金融机构总贷款的比重不到3%。整个金融机构外汇占款目标在27万亿左右，占金融机构人民币资金运用总额的比重在18%左右。除去央行的外汇占款，其他银行机构的外汇占款规模只有2万亿左右。中国各类债券余额合计47万亿左右，其中，国债余额15万亿。以各国央行和主权财富基金为主体的境外投资持有中国人民币债券不到8000亿元，其中持有中国国债2400亿左右。中国股票市场市值50万亿，境外持有的人民币股票不到6000亿元。截至2015年9月，境外机构和个人共持有人民币金融资产3.89万亿左右（见图3—17）。

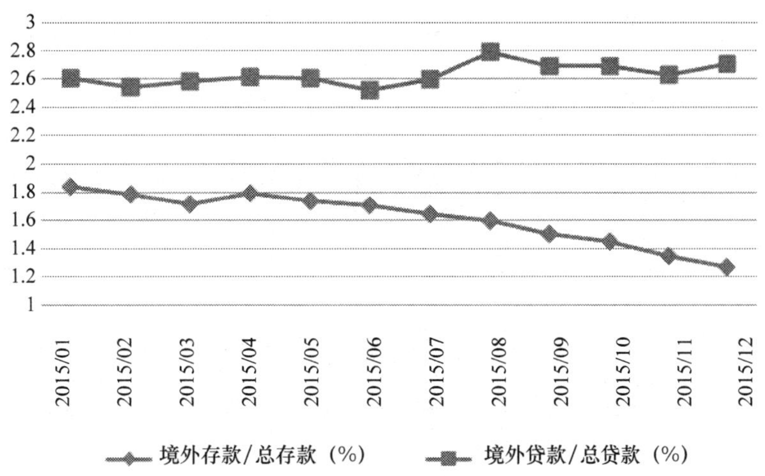

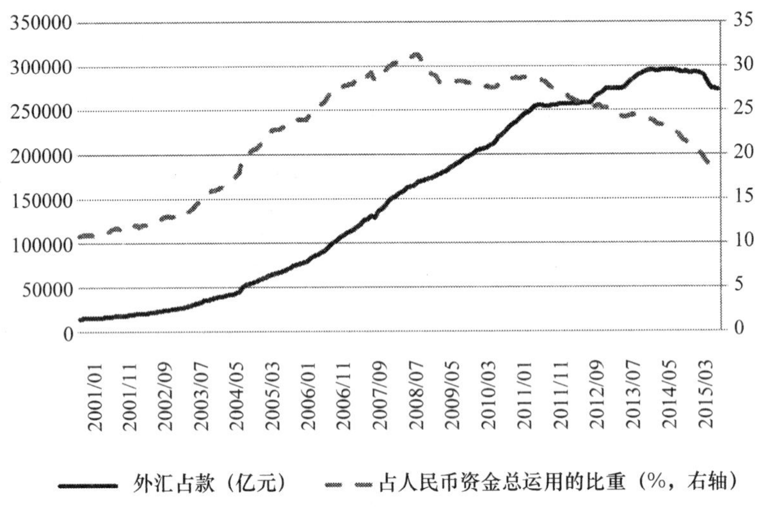

图 3—17 金融机构对跨境资本流动的暴露程度较低

2016 年 10 月人民币将正式成为 SDR 的篮子货币。这将倒逼中国加快资本账户的开放步伐。虽然目前 IMF 只创造了大约 2800 亿美元的 SDR，按照人民币在 SDR 篮子中 10.92% 的占比来计算，全球央行大约有 306 亿美元的外汇储备需要以人民币资产的形式存在。这种估算严重低估了人民币加入 SDR 后境外机构和个人对人民币资产的潜在需求。我们选择澳元和加元作为参考点。这两种货币并不是 SDR 篮子货币，但在全球央行非黄金储备中占据大约 1%—2% 的比重。人民币目前无论从稳定性还是从可交易规模来看，都远远超过了这两种货币。根据相关机构的估算数据，人民币在全球支付中的占比达到2.8%左右，超过了日元；在全球贸易融资中超过了欧元，成为仅次于美元的第二大选择；人民币在中国对外贸易结算中的占比达到25%左右，规模超过了8000亿美元，预计到2020年这一规模将超过2.6万亿美元。由此可以认为，人民币在全球外汇储备中的占比应该会超过澳元和加元。如果中国将这一比例设定为3%，那么，全球央行储备资产调整将会形成对人民币资产高达3480亿美元的需求。不仅如此，人民币加入SDR还会引发全球各国主权财富基金和多边机构投资基金的资产选择。据估算，各国主权财富配置于人民币资产的规模将会达到3000亿美元左右，多边机构投资基金配置于人民币资产的规模可能在800亿美元左右。进一步考虑到其他金融机构和离岸市场上对人民币资产的需求，人民币加入SDR带来的对人民币资产的需求规模超过1万亿美元。

现有研究表明，日元、欧元和英镑等在成为SDR篮子货币以前，已经达到了很高的“自由使用”程度，在外国官方和私人机构的资产配置中也占据了较高比重。因此，在IMF同意这些货币成为SDR篮子货币时，只是对它们已经具有的“事实上的储备货币地位”的“事后认可”。这种“事后认可”模式不会引发官方和私人机构资产配置出现大的调整，进而也不会对相关国家的国内金融市场产生大的冲击。人民币在目前并不具备“事实上的储备货币地位”，在各国官方和私人机构资产组合中的占比还很低。人民币加入 SDR 是一种“先导性变化”，其中蕴含更多的是“鼓励”或“倒逼”中国加快开放资本账户。这将进一步提高中国跨境资本流动的波动性。

作为一种“先导性变化”，人民币加入 SDR 带来的对人民币资产的需求，主要是新增的潜在需求。那么，如何实现人民币资产的国际供给？人民币和人民币资产的供给来自在岸和离岸两个市场。通过在岸市场来满足新增需求，前提是中国资本账户的开放。因此，这会成为推动中国加快资本账户开放步伐的力量。但是在开放资本账户以后，紧接着面临的问题就是中国金融市场缺乏深度和广度。这不仅意味着人民币资产的种类难以满足新增的国际需求，而且意味着市场缺乏缓冲和应对国际资本流动冲击的手段和能力。在这种情况下，另一个暂时的替代性选择是，通过离岸市场来满足国际上不断增长的人民币和人民币资产需求。但是，离岸模式与低水平国内金融市场结合在一起，导致金融定价权的丧失，特别是基准利率受离岸市场的控制。即便解决了这些技术层面的问题，人民币加入 SDR 所推动的人民币国际化进程的跨越式发展，最终还会遇到难以克服的特里芬两难，即流动性与清偿力之间的冲突。作为一种国际货币，需要通过国际收支的持续逆差来提供本币流动性。但是，持续的国际收支逆差使得本币币值稳定性难以维持，无法保证本币的清偿力。这会从根本上削弱国际投资者持有人民币和人民币资产的意愿。

在中国实体经济再平衡的背景下，金融渠道将成为国际冲击向中国传导的主要渠道；随着中国跨境资本双向流动性的上升，中国宏观经济和金融对国际冲击的风险暴露程度显著提高；在现有的资本账户管制政策和汇率制度下，跨境资本流动冲击主要通过央行的资产负债表传导其影响；人民币加入 SDR 将会推动中国资本账户开放进程的加速和人民币国际化进程的跨越式发展，这不仅会进一步提高中国跨境资本流动的易变性，而且使得中国国内金融市场直接暴露在国际金融冲击之下。伴随资本账户的全面开放，金融体系将会全方位地暴露在国际金融冲击之下，缺乏深度和广度的国内金融市场会放大国际金融冲击的影响。宏观经济政策如何影响和管理不断增强的跨境资本双向流动性？如何应对可能出现的国际金融冲击？如何避免国际金融冲击在国内金融体系的传播、扩散和放大？如何应对可能出现的金融动荡乃至是金融危机？所有这些问题，都是中国宏观经济政策在未来必须面对的挑战。

总之，通缩—债务效应、去杠杆压力与新常态下的其他变化结合在一起，使得中国的金融动荡风险急剧上升。经济增速的趋势性下滑、传统产业与业态的趋势性衰落以及新产业与新业态成长初期的不确定和高风险，各种因素结合在一起意味着衰退性泡沫的产生有其必然性。缺乏深度和广度的金融市场倾向于对此做出过度反应或“超调”。随着中国跨境资本的双向流动性显著上升，中国宏观经济和金融稳定性面临更大的外部冲击。特别是在人民币加入 SDR 后，中国的金融体系全方位地暴露在国际金融冲击之下，缺乏深度和广度的国内金融市场会放大国际金融冲击的影响。过去几年中，从银行体系到影子银行体系，再到债券市场、股票市场和外汇市场，金融泡沫和金融动荡在金融体系不同部分之间“击鼓传花式的”传导和蔓延。所有这些都凸显了金融稳定性在中国宏观经济调控中的重要性。

6. 国际收支的新变化预示着中国国际收支的平衡模式将会发生深刻调整，国际收支平衡应该成为中国宏观经济政策框架中的显性目标，成为宏观经济政策主动调控和管理的对象。国际收支平衡从过去的官方储备逆差与私人部门顺差相配合的模式，转向私人证券投资顺差与其他私人部门逆差相配合的模式。这样一种新的、可持续的国际收支平衡模式，首先依赖于国内金融市场深度、广度以及效率和流动性的不断提高。其次，这种平衡模式使得中国宏观经济和金融暴露在跨境私人资本流动的波动性和易变性之下。由此要求对国际收支实施主动的、市场化的宏观经济政策管理。

展望未来的调整之路，我们尤其需要关注 2015 年中国经济在新常态中出现的新变化。这就是中国国际收支在 2015 年从过去常态化的双顺差变为“一顺一逆”，即经常项目顺差和资本金融项下私人资本流动逆差（见图 3—18）。具体考察经常项目顺差和私人资本流动逆差的构成，我们将会发现这种状况中蕴藏着巨大的风险，并对中国宏观经济政策框架提出更深层次的调整要求。

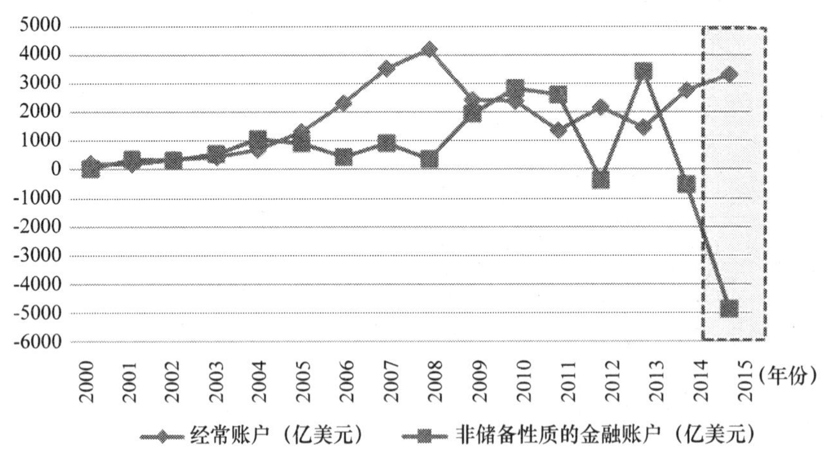

图 3—18 中国国际收支的新变化

2015 年，中国货物出口和进口的绝对水平都明显下降，这是多年未曾出现过的状况。但是由于进口的下降幅度更大，货物贸易顺差反而创历史新高（见图 3—19）。进口之所以会大幅度下降，首先是因为中国的进口中有一部分是“为了出口而进口”，出口下降自然导致这部分进口下降。其次是国内经济下滑导致内需下降，对进口品的需求自然也会下降。最后是世界经济低迷导致的大宗商品价格下降，在进口量维持增长的同时，中国大宗商品进口额大幅下降（见图 3—20）。因此，这是一种典型的“衰退型顺差增加”。

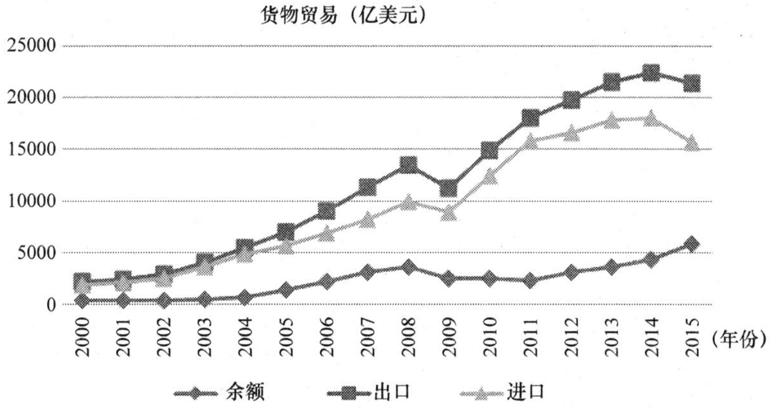

图 3—19 货物贸易顺差创历史新高

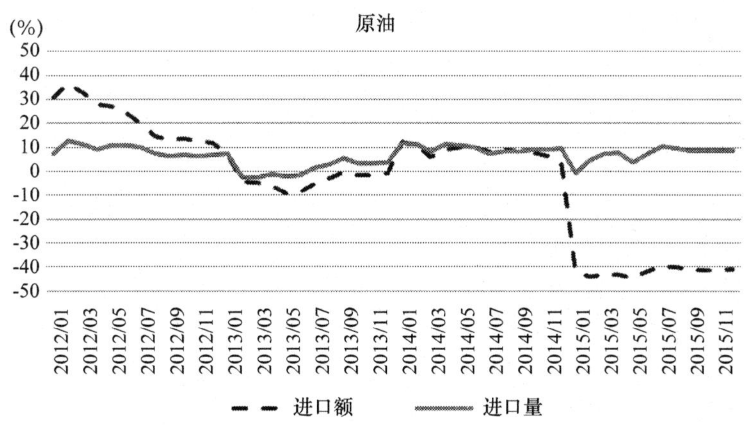

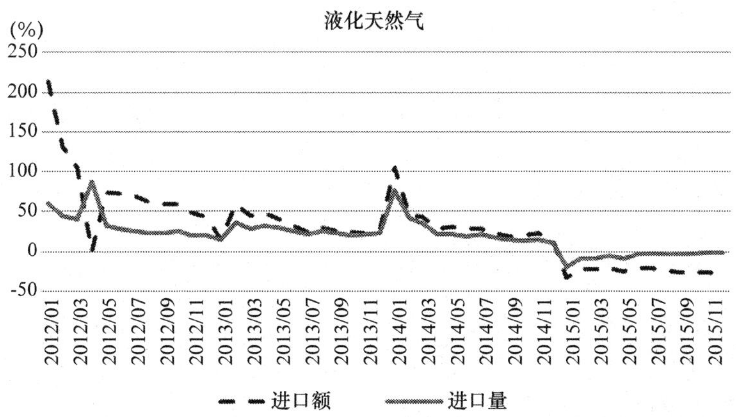

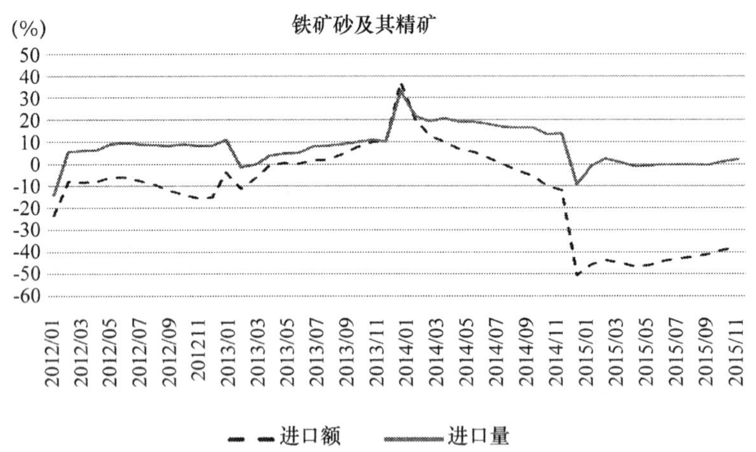

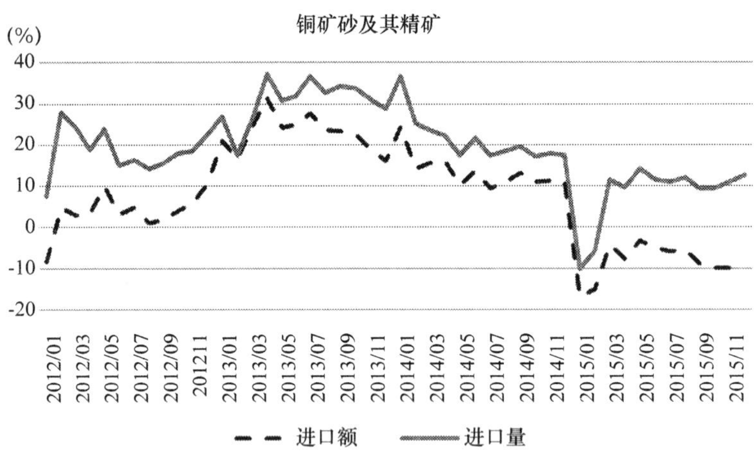

图 3—20　主要大宗产品累计进口增长率

展望未来，这种状况肯定是难以持续的。在货物贸易方面，受制于世界经济再平衡和国际分工体系的调整趋势，以及中国国内经济的再平衡趋势，出口在未来即便能够恢复增长，也不可能恢复过去的高速增长路径；在货物进口方面，一旦世界经济和中国经济走出目前的低迷状况，中国对进口的需求和大宗商品国际价格都会恢复增长，这必然导致中国的货物进口相对于货物出口更快地恢复增长。在服务贸易方面，中国近年来的逆差规模迅速扩大（见图 3—21）。在未来，中国服务业的国际竞争力在短期中难以有效提高，对旅游、购物、教育和高端医疗等进口需求旺盛，加之服务市场开放程度的提高，这将会导致中国的服务贸易在未来很长时间内维持不断扩大的逆差状况。总之，中国在经常项目上的顺差会出现大幅下降，甚至从顺差转变为逆差。

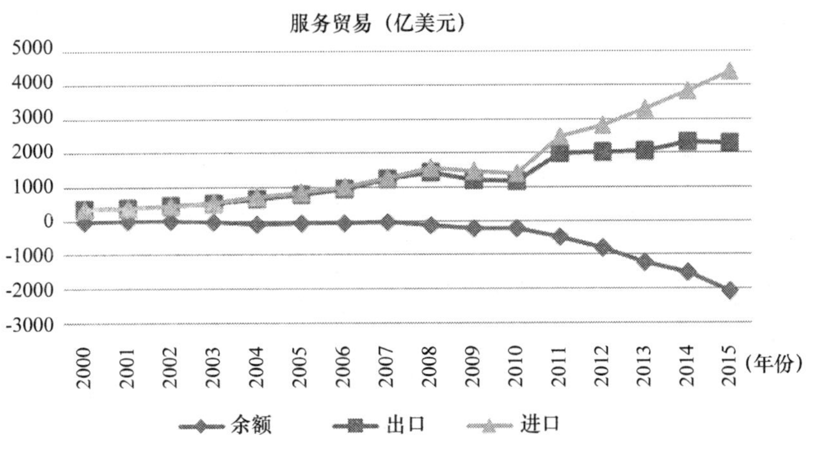

图 3—21　服务贸易逆差持续增长

2015 年，中国资本和金融项下私人资本流动出现巨额逆差。其中，直接投资净流入依然处于顺差状况，但是由于中国企业对外直接投资的迅速增长，直接投资的净流入规模已经明显下降（见图 3—22）。随着中国金融开放程度的提高，非 FDI 私人资本跨境流动的制度性或政策性障碍不断减少。国内和国外在金融市场发展程度以及宏观经济与金融形势上的差异，对跨境资本流动的影响日益显性化，并且不断增强。在此背景下，中国在证券投资和其他投资方面的逆差大幅上升。经常项目顺差和 FDI 顺差无法弥补非 FDI 私人资本流动逆差，中国国际收支的私人部门总体处于逆差状况。在这种情况下，只能依靠官方储备资产的净流入来弥补私人部门的国际收支逆差，由此导致中国官方储备资产不断下降。

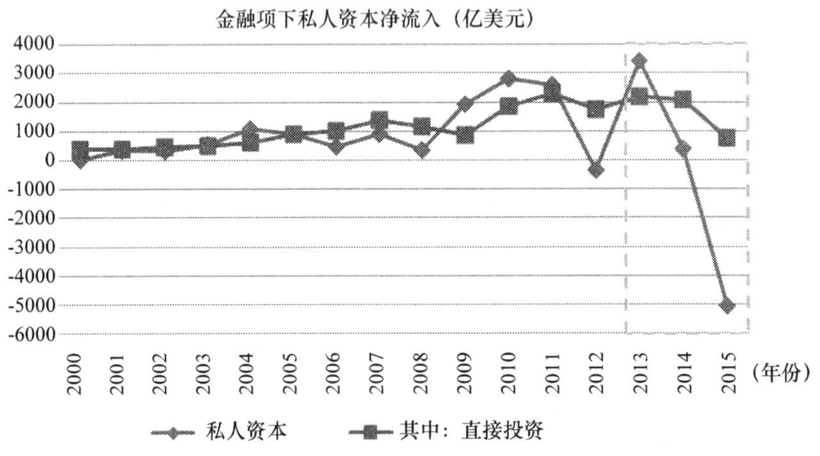

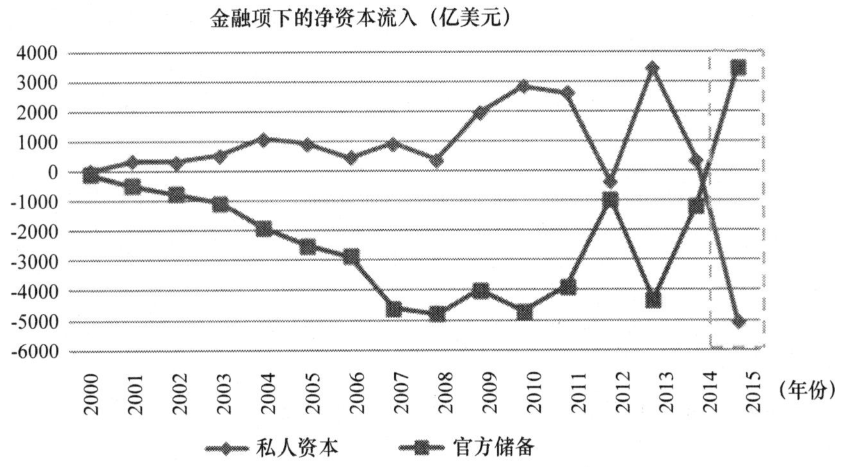

图 3—22　中国国际收支平衡模式的变化：以官方储备顺差弥补私人部门的逆差

展望未来，随着“一带一路”战略的全面实施，中国企业加快走出去的步伐，由此会导致中国直接投资净流入规模进一步下降，甚至可能转变为净流出状况。一旦经常项目顺差不能弥补私人部门直接投资逆差，甚至经常项目本身也转变为逆差，那么，中国的国际收支平衡只能依靠非 FDI 私人资本流动和官方外汇储备。在非 FDI 私人资本流动处于逆差状况时，整个私人部门的国际收支逆差只能依靠官方储备资产的顺差来平衡（见图 3—22）。基于官方储备资产的积累动因，这在短期中是合理的，也是必需的。但是国际收支的这种平衡模式显然是不可持续的。因为官方储备资产总有耗尽的一天。一旦官方储备耗尽，随之而来的就可能是国际收支危机和货币危机，乃至演变成整体性金融危机和经济危机。在长期中，经常项目逆差和 FDI 逆差只能依靠非 FDI 私人资本净流入来弥补。但由此立刻产生两个问题。首先是如何吸引非 FDI 私人资本的大规模流入？其次是如何管理具有极大波动性和易变性的非 FDI 私人资本流动？

要吸引证券投资资金的大规模流入，并以此来实现国际收支平衡，前提是要存在一个高度发达的国内金融市场。中国要走向新的、可持续的国际收支平衡模式，其可行性依赖国内金融市场深度、广度以及效率和流动性的不断提高。只有这样才能够吸引证券投资的大规模流入。进一步要关注的问题是，依靠非 FDI 私人资本流动特别是证券投资来平衡其他私人部门的国际收支逆差，则要面对非 FDI 私人资本流动的波动性和易变性。这使得中国的货币稳定性、金融稳定性乃至整体经济稳定性全面暴露于国际金融冲击之下。当然，国内金融市场的发展和完善可以在一定程度上吸收和化解国际金融冲击。但是基于其固有的内在缺陷，金融市场并不能完全吸纳国际金融冲击，甚至还会对此做出“超调式”的反应。这与前面所分析的中国宏观经济和金融的内生脆弱性和波动性结合在一起，加剧了中国宏观经济和金融的短期波动风险。

基于对中国贸易收支和FDI净流动的长期演变趋势的判断，国际收支平衡不再是中国开放宏观经济运行的被动结果，而应该成为中国宏观经济政策框架中的显性目标，成为宏观经济政策主动调控和管理的对象。由于在新的平衡模式下国际收支管理的重点是私人资本跨境流动，特别是证券投资的跨境流动，所以，国际收支平衡的管理模式必须是市场化的。其原因很简单，首先，非市场化的管控模式与发展国内金融市场的目标不符；其次，非市场化的管控模式或许能够有效地限制国内资金流出和国外资金流入，但是却不能有效地吸引国外证券资金大规模流入中国。

四 关于调整中国宏观经济政策框架的思考

中国现有的宏观经济政策框架已经无法适应经济新常态的特征以及大调整、大变革和大开放战略的要求。也正因如此，过去一段时间所出现的宏观调控效果下降和强政策刺激带来严重后遗症的问题，并不是政策松紧程度、具体工具选择和传导机制方面的问题，而是中国宏观经济政策框架的整体性问题。为此需要思考如何调整中国的宏观经济政策框架。在探讨中国宏观经济政策框架的调整战略时，尤其需要关注中国经济在新常态中出现的新变化及其风险，特别是中国国际收支平衡模式的变化。

1. 宏观经济政策框架调整的战略定位、总体原则与突破口。

当前及未来一段时间内，对中国宏观经济政策框架所进行的调整，目的不只是应对短期的宏观经济和金融问题，而要指向长期中更加均衡、更加市场化、更加开放的经济体系中可能出现的宏观经济波动与风险。因此，中国宏观经济政策框架调整的战略定位应该包括短期、中期和长期三个层次。第一个层次是针对短期中已经显露的宏观经济和金融风险，提升和强化维持宏观经济和金融稳定的能力。第二层次是针对中期的问题，特别是在较长时期持续存在的结构调整、去库存、去产能以及去杠杆等问题，提升应对这些问题相互叠加后可能带来的负面冲击，应对大调整、大变革和大开放战略可能带来的“创造性破坏效应”。第三个层次是针对长期将会出现的均衡、开放和市场化的经济体系，构建高效的、可持续的和动态一致的宏观经济调控模式和政策框架。

宏观经济政策框架内部的调整则涉及：（1）增长、就业、宏观经济与金融稳定和国际收支平衡等目标及其相互关系的重新定位。（2）各种政策工具及其匹配和组合原则的重新考量。（3）政策传导机制的重构。调整需要遵循如下总体原则：首先是政策目标定位。宏观经济和金融稳定性问题凸显，物价稳定、金融稳定和国际收支平衡应该成为宏观经济政策的显性目标。其次是财政政策和货币政策的相对分工与定位。财政政策应该减少对市场主导型结构调整路径的直接介入，更多地针对结构调整期必然出现的短期阵痛，为社会福利提供托底；

宏观经济政策和金融稳定性的实现应该更多地依靠货币政策。最后是政策操作方式和传导机制。宏观经济政策应该遵循市场化、可预期的操作模式，避免自身成为宏观经济和金融波动的来源；宏观经济政策应该围绕市场机制的作用方向去传导其意图和影响。

对于政策层面，短期问题往往更为紧迫，也更为重要。一方面，如果不能解决短期问题，任由宏观经济和金融形势持续恶化甚至演变为全面的动荡和危机，那么，所有的中长期设想都将变得毫无意义；另一方面，如果短期问题的解决方案不合理，还是通过扭曲甚至是替代市场的方式来解决，那么，中长期的调整战略将会无以为继。因此，在目前不仅要积极应对短期宏观经济和金融风险，而且要选择一种符合中长期调整方向的解决方案。就短期而言，中国最大的宏观经济波动风险来自去产能与去杠杆的交互作用。所以，政策层面需要在推进去产能的过程中避免过快的去杠杆，或者说，要在稳住杠杆的同时推进去产能过程。当然，如前分析，企业部门高杠杆已经失去了动态平衡基础。要稳住杠杆，只能是政府部门加杠杆，即提高财政赤字水平。相对而言，中国的财政赤字水平较低，在短期内增加财政赤字是有足够空间的。问题是，如何操作才能不对中长期调整过程形成干扰和阻碍？依据前文的分析，沿着短期导向和消费导向去增加财政支出，是符合中长期调整方向的。因此，关键问题就转变为如何解决财政赤字的融资问题。

从中国的宏观经济和金融现状出发，一个可行的突破口是通过转变国债发行模式和方式推动债券市场的大发展和大开放。第一，这能够为财政赤字提供可持续依赖的融资模式，提升财政政策为社会福利托底的能力。第二，这能够为转变货币政策操作模式创造条件。只有借助国债市场的大发展，货币政策才能利用公开市场上的国债交易去影响政策性利率。同时，国债市场作为整个金融市场的基础，其发展也有助于提高整个金融市场的深度、广度和效率，这有助于完善价格型货币政策工具的传导机制和传导效率。第三，随着国债市场的发展，可以利用国债置换央行的外汇储备，解决央行资产负债表的币种结构失衡问题，打破外币资产占比过高对货币政策操作的制约。第四，国债市场的大发展有助于打破利率—汇率平价关系对货币政策的牵制。以国债市场的发展和开放为突破口，提高人民币资产市场的规模、稳定性、流动性和效率，为人民币国际地位的提升奠定基础。随着人民币资产作为国际范围内的安全性和流动性资产的地位的提升，可以借助流动性和安全性溢价打破利率与汇率之间的平价关系及其对中国货币政策的制约。第五，通过国债市场发展带动整个证券市场的发展，不仅能够满足人民币加入 SDR 后国际范围内对具有较高安全性和流动性的人民币资产的需求，而且也能够充分满足国际投资者对高风险—高收益的人民币资产的需求，这就为中国吸引非 FDI 私人资本流入创造了最关键的条件。

在厘清宏观经济政策调整的战略定位、总体原则和突破口之后，还需要进一步思考接下来的几个具体方面的调整。

2. 在未来的宏观调控中应该强调短期需求管理的重要性，调控的着力点应该逐步从外需和投资转向居民消费。

这与当前的供给侧改革方向并不矛盾。供给侧改革的目的是调整产业结构，为长期可持续增长夯实基础，具体来说，就是实质性地推动去产能、去杠杆、去库存，以此加速落后、过剩行业的淘汰过程；通过降成本和补短板，为新产业的新业态的成长创造更好的条件。对于过剩产能的淘汰，重点是取消过去的对过剩生产的“僵尸企业”的财税、信贷或其他政策性支持。对新产业和新业态的培育，重点也是取消体制和政策层面的制约因素。所有这些在总体上都是让宏观政策不再承担或从事过去的某些活动，这就为政策指向新的目标留下了空间。

对于新产业和新业态的培育，当然需要财税和信贷层面的支持。但是过去的经验启示，这种支持力度不能过大，不能扭曲甚至完全抑制市场的筛选和淘汰机制。供给侧改革在根本上是一种制度性调整，通过理顺政府与市场的关系，让市场在资源配置中起决定性作用，通过市场竞争淘汰产能过剩的低效产业、筛选和培育新兴产业。所以，即便是配合供给侧改革，宏观政策在投资和生产层面要做的主要是减少人为的支持和扭曲，发挥的作用应该偏于消极或辅助性的。

而供给侧管理或者结构调整，在加速淘汰落后过剩产能和培育新产业的过程中，总会面临旧产业业已退出、新产业尚未补进的状态。在这种所谓的主导产业真空状态中，整个社会的就业和收入等必然会出现问题。这就要求政策在此发挥关键作用。也就是面对短期必然出现的“创造性破坏效应”，宏观经济政策通过减税、增加转移支付和强化社会安全网等，为整个社会提供福利托底。从这个意义上说，供给侧改革需要需求管理的配合。在需求管理方面，过去通过外需和投资渠道影响宏观经济动态平衡的政策实践，扭曲了市场机制的作用，也带来严重产能过剩等后遗症。因此，未来需求管理方面的重点则应该从外需和投资转向居民消费。无论是为了更加有效地影响宏观经济动态平衡关系，并避免政策调控带来扭曲和负面后果，还是为了在结构调整和增长动力机制转化时期发挥宏观经济政策的社会福利托底作用，中国宏观经济政策框架的总体目标定位应该从生产导向和长期导向，转变为消费导向和短期导向，在收入调节、社会保障和社会福利等方面发挥更加积极和主导的作用。

3. 财政层面在配合新常态下的结构调整的同时，应该重视和强化财政因素在金融发展和金融稳定性等问题上的重要性。

在财政政策方面，主流经济学思维通常认为其缺乏灵活性、速度、可逆性和独立性，因此排斥相机抉择的逆周期财政政策。全球金融危机的爆发，凸显了传统货币政策的失灵以及财政政策对宏观经济短期稳定性的重要性。不同于此，在中国的宏观经济管理中，源于目标定位的差异与宏观经济动态平衡关系的特殊性，财政政策具有更重要的地位，往往表现出更为积极、主动的姿态。

新常态下所要求的经济结构调整和增长动力机制转变，并不是要求财政政策转向消极被动，而是要求财政政策的运作模式发生变化。供给侧改革所指向的是一种市场主导型结构调整路径，这就要求在财政支出方面取消针对企业投资和生产行为的各项优惠或补贴，改变运用财政资金进行直接结构调整过程的做法；改变财政支出的优先顺序，相对增加教育、医疗、基础设施、社会保障和社会安全网方面的支出。在财政收入方面，降低企业税费负担，降低社会保险费，清理各种不合理收费，营造公平的税负环境。总体而言，在财政支出方面，在不同类别上有增有减，改变主要财政支出中不同类别的优先次序；在财政收入方面，为了降低整个社会的税负成本，财政收入总体呈现下降趋势。这就带来了在财政赤字上升的同时如何解决赤字融资的问题。

为了更有效地解决财政赤字的融资需求，需要大力完善国债市场。首先是改善国债的品种结构，增加短期国债的发行规模和发行频率，提高国债市场的流动性，为中长期国债的发行营造有效的国债市场环境。其次是统一国债市场，打破银行间市场、银行柜台市场和交易所市场的分割状态，形成统一的国债价格形成机制和合理的国债利率期限结构。国债市场的发展和完善，不仅是财政自身的需求，也能够为货币政策操作和金融体系的发展与完善创造有利条件。

在金融市场发展过程中，财政因素的重要性首先体现在市场定价机制的效率上。金融市场上风险资产的定价过程是一个相对定价过程，即在无风险收益率的基础上附加风险溢价。所以，无风险资产的供给是金融市场发展的关键一步。短期财政债券的供给，满足了市场参与者对无风险资产的需求，形成基准的无风险收益率。在此基础上，供给不同期限的财政债券，满足市场参与者对中长期无信用风险的资产的需求，形成基准期限溢价。随着财政债券期限的延长，财政债券收益率曲线不断延长。基于财政债券收益率曲线中包含的无风险收益率和期限溢价，对于其他风险资产的定价，市场只需解决信用风险的定价。这样，通过财政债券的供给和交易，形成基准的无风险利率和期限溢价，有助于整个金融市场风险定价机制效率的提高。

财政因素在金融发展过程中的重要性还体现在金融稳定性上。财政债券有规则地连续供给，不仅为整个金融市场提供定价基准，有助于提高风险定价的效率，而且能够充分满足私人部门对无风险资产的需求，抑制金融机构通过结构性金融技术人为创造“安全资产”的冲动，避免过度的金融创新，特别是基于结构性金融技术的资产证券化活动的过度发展。在中国目前的宏观经济和金融环境下，整个社会对安全资产存在旺盛需求，在财政债券不能满足需求的情况下，监管当局根本不可能完全抑制金融机构人为创造“安全资产”的动机。这将导致风险分布的模糊化和风险的错误配置，带来金融脆弱性的内生积累。金融稳定性离不开外在稳定机制，即金融监管和调控的效率。财政债券不仅是货币当局进行货币稳定性调控的基本金融工具，也是金融当局实施金融稳定性调控的核心工具。

目前在中国，国债的基本功能主要是为政府的财政赤字融资，财政部门的职责集中在财政收入和支出两个方面。应该将金融功能纳入财政当局对国债发行和管理的长期规划之中，从金融功能的角度出发，探讨中国国债市场规模、期限和品种结构、市场参与者结构以及市场效率和流动性方面存在的问题和缺陷。此外，央行票据市场和财政债券市场的并行，使得中国存在两个相互分割的主权债券市场，这严重制约国债收益率曲线在整个金融市场定价机制中的基础性作用，为此，需要尽快改变财政债券市场与央行票据市场并行所导致的主权债券市场分割状况。

4. 货币层面应该更加关注货币稳定性和金融稳定性，在调控模式上应该从倚重数量型工具转向倚重价格型工具，同时应该保留调控甚至是管控跨境资本流动的能力和手段。

供给侧改革在根本上是一种制度性调整，通过理顺政府与市场的关系，让市场在资源配置中起决定性作用，通过市场竞争淘汰产能过剩的低效产业、筛选和培育新兴产业。在这样的改革思路下，具有很强的结构效应和市场扭曲效应的财政政策，应该避免直接介入甚至主导结构调整过程，而是针对结构调整期必然出现的短期阵痛，通过收入转移和社会保障支出等为社会福利托底。

这就意味着针对宏观经济和金融稳定性问题，应该更多地依靠货币政策手段，并且货币政策操作要从以非市场化的数量型工具为主转向以价格型工具为主，通过影响价格来影响货币和金融资源的配置。

在货币政策方面，存在增长和稳定双重目标。但是在传统的宏观政策框架下，增长目标是首要的，稳定目标是次要的。无论是物价变动、银行信贷增长，还是资本市场价格变化和跨境资本流动变化，只有危及经济增长或整个社会稳定时，货币政策才会做出实质性的应对。随着宏观经济和金融动态关系的变化，通货紧缩、金融泡沫与跨境资本流动的波动性，对整体经济的冲击和负面影响日益明显。而且，在结构调整和增长动力转换的时期，为了解决经济潜在增速下降的问题，在总体上主要依赖制度调整。在财政政策和货币政策的对比中，财政政策的结构效应更为明显，而货币政策的结构效应相对较小，而且通常要建立在干预和扭曲市场的基础上。就结构调整所需要的政策支持来说，应该主要依赖财政政策，货币政策的作用应该只是辅助性的，而且不能太过强调。因此，在中国货币政策框架的目标定位中，应该强化稳定性目标，包括物价稳定性、跨境资本流动稳定性和金融稳定性。

在发展金融市场和金融体系这一大目标下，货币政策在实现和管理稳定目标时，应该更加倚重价格型手段。在这里需要注意，我们所说的价格型手段和数量型手段的区分并不是利率和货币总量的区分。在完善的市场中，货币数量与利率之间存在反向联系。调控利率的目的也是通过不断改变货币数量来实现的，然后在通过政策性利率对市场上中长期利率的传导，最终影响整个社会的消费和投资等。在中国货币政策的操作中，价格型手段是指通过影响流动性或信贷的成本，对金融部门和实体经济产生影响；数量型手段是指直接管控流动性或信贷的可获得性，对金融部门和实体经济产生影响。中国的政策工具不是单一的利率政策，而是利率、货币总量和信贷总量等多种价格型和数量型工具的综合使用。这种状况需要做出改变。

价格型和数量型手段、市场化和非市场化手段政策工具的综合使用，合理性在于中国的利率传导机制以及货币数量传导机制各自都存在问题，而且在数量与利率之间也不存在固定的联系机制。其背后的根源是中国整个金融体系存在的内在缺陷。因此，新常态下的货币政策框架，不仅需要在目标定位上做出调整，强化物价稳定和金融稳定目标，而且要配合发展和完善金融市场的目标。这就与前面所说的国债市场的发展和完善相呼应。

在金融稳定问题上，现在对宏观审慎监管的呼声越来越大，要求央行在货币稳定性之外进一步承担金融稳定性职责。这就不仅要求转变金融监管模式从微观审慎转向宏观审慎，而且要求货币政策操作中兼顾金融的顺周期性。对此，本报告不想展开分析。我们想强调的是对于跨境资本流动和汇率稳定性的管理。在全球金融危机以后，很多人开始反思资本流动和金融全球化的好处以及资本管制的必要性。近年来关于宏观经济政策的新共识中，也已经不排斥资本管制的必要性和好处。对此，中国的货币当局需要保留必要的资本管制能力和手段。在中国对跨境资本流动风险的暴露程度和脆弱性显著提高的背景下，这一点尤其必要。

当然，目前的问题并不是开放与管制的选择，而是如何开放。重点应该是在对现有的各种资本流动渠道进行调查和梳理的基础上，从法律和制度层面对经常项下和资本项下的各种资本流动渠道进行有选择的事后认可、调整和再管制。从法律和制度层面确认通过这些渠道进行资本跨境转移的合法性，降低资本经过合法渠道进行跨境转移的成本和风险；禁止、打击和阻断资本跨境转移的非法渠道，进一步增加资本通过这些渠道进行跨境转移的成本和风险；严格限制经常项下资本流动、FDI、证券投资以及银行信贷等不同资本流动形式之间的相互转化。通过这些调整，一方面提高名义金融开放度；另一方面降低实际金融开放度，从而尽可能缩小名义金融开放度和实际开放度之间的差异。这样才能提高跨境资金流动的可观察性和可控性，在此基础上，货币当局才可能调控甚至是管控跨境资本流动的易变性和波动性。

5. 在整体金融发展维度下完善货币政策的传导机制，以货币市场和债券市场为突破口推动中国金融市场的发展。

最后是政策传导机制的构建问题，主要是货币和金融政策的传导机制。这涉及中国金融体系的发展方向问题。在中国原有的金融发展模式下，金融发展在多维度的定量指标上呈现明显的不对称性和不协调性。在全球主要经济体的横向比较中，中国的总体金融发展水平处于中等偏上的水平，超过大部分发展中经济体和新兴市场经济体。但是从分类指标来看，也就是金融发展的多维度特征，却存在显著的差异。以股市流动性、银行体系盈利性以及国内资产分散程度等衡量的金融体系效率指标非常高，仅次于美国和韩国；金融深度和金融广度等数量指标却依然较低；金融体系的支撑性制度条件很差，不仅低于主要发达经济体，甚至低于大部分发展中和新兴市场经济体。金融发展的效率指标显著高于金融深度、金融广度和制度指标，这是中国当前金融发展过程不对称和不协调的表现。

金融深度和广度指标较低，意味着正规金融体系难以满足全社会的金融服务需求，这使得非正规金融或民间金融的发展有了坚实的需求基础。而且，效率指标、数量指标和制度指标之间的矛盾，也意味着正规金融体系自身的效率和稳定性不高。支撑中国银行体系高盈利性的主导因素并不是市场因素，而是银行垄断性、利率管制与限制资产替代的政策。所以，高盈利性所反映的只是银行具有很强的利益摄取能力，而银行的技术效率并不高。资产替代限制和借贷约束结合在一起，导致股票市场上投机行为的不稳定性，由此带来股票市场高流动性和高波动性的共存。制度质量指标低下反映出中国金融发展缺乏坚实的制度支撑，这会进一步加剧银行体系的高盈利性和市场的高波动性。所以，中国金融发展过程的不对称性和不协调性，意味着中国正规金融体系难以满足整个社会的金融服务需求，而且，有限的金融服务供给也缺乏效率和稳定性。不仅如此，制度基础薄弱和整个社会对金融服务的超额需求结合在一起，使得非正规金融或民间金融的发展变得难以抑制，并且政府对之难以施加有效的约束和引导。

对于中国以银行为主导的金融模式，除了内生的问题和缺陷，贸易开放度和实际金融开放度的不断提高也带来了严重的冲击。虽然中国的资本账户依然保持着较为严格的管制，但是随着贸易依存度和跨境资本流动性的不断提高，原有的金融发展模式越来越难以维持。随着贸易开放程度的提高，国内外的新企业不断进入政府支持发展的优先部门，导致融资需求上升和生产性投资收益率下降。跨境资本流动性的提高，使得银行资金来源波动性加大；企业的外部融资渠道增加，对国内银行的融资需求降低；国外投资者和金融机构进入国内银行和企业之间的收入分配过程。在这种背景下，在原有金融模式下政府所主导的国内企业和银行之间的利益分配格局被打破，政府控制信贷分配的效率不断下降、成本不断上升，集中信贷分配可能出现严重信贷配置的风险增加。所以，无论是从政府、银行和企业维持原有金融模式的内在动机出发，还是从维持经济增长和宏观经济与金融稳定的需求出发，中国利率控制下的以银行为主导的金融体系越来越难以持续。

在进一步推动国内金融深化的过程中，应该摆脱关于金融结构的狭隘争议。第一，从国际经验中可以看出，银行与金融市场之间存在互补关系，没有必要刻意在两者之间进行非此即彼的选择。第二，多年以来银行体系在中国金融体系的主导地位是与中国的经济结构相适应的，在未来一段时间内，现代服务和高新技术产业也不可能成为中国的主导产业，在中国经济中占主导地位的仍然会是工业和传统服务业。第三，由于银行在中国金融体系中的主导地位，银行的稳定将决定着中国的金融稳定性和整体经济的稳定性。刻意地通过政策和制度调整来引导金融市场对银行的替代，不利于中国金融和宏观经济稳定。第四，金融体系的经济作用依赖与之相适应的监管制度和金融基础设施，这些支撑性条件是在金融发展过程中逐步积累起来的。中国目前的监管制度和金融基础设施在总体上是与银行的主导地位相适应的。

放松利率管制有助于推动货币政策调控方式从数量型为主向价格型为主转变，这是提高宏观调控效率的必要条件之一。进一步还需要形成一个辐射整个金融市场的利率形成、传导和调控机制。这依赖金融市场体系的发展和完善。目前的突破口应该是货币市场和债券市场。货币市场和债券市场不仅是联系银行和整个金融市场的关键环节，也是连接银行和实体经济的关键渠道之一。货币市场和债券市场的发展，有助于降低整个社会总体利率水平的刚性程度。一方面，在银行的融资来源中，货币市场和债券市场可以成为传统银行存款以外的替代资金来源；另一方面，对于企业而言，货币市场和债券市场的发展可以降低其对于传统银行贷款的依赖。对于家庭而言，货币市场和债券市场投资工具也可以替代银行存款。所以，在未来几年中，中国金融深化的重点应该是，大力推进货币市场和债券市场的发展以及鼓励货币市场和债券市场的工具创新与机构创新。通过货币市场和债券市场的发展，在改变企业和家庭的融资和投资模式的基础上，引导银行融资和投资模式以及定价机制的转变。由此，一方面促使货币市场和债券市场的定价机制成为整个社会利率体系的核心；另一方面，使银行的作用更多体现为金融体系的中介，而不是家庭和企业储蓄与投资行为的中介。

曹远征，中国银行原首席经济学家，中国人民大学经济学院教授、博士生导师，美国南加洲大学客座教授，北京大学、清华大学兼职教授。

于春海：江苏盐城人，1973 年 12 月出生。现为中国人民大学经济学院教授、中国人民大学国家发展与战略研究院研究员。主要研究方向：开放宏观经济学、国际贸易理论与政策。

闫衍，中国人民大学经济学博士，现任中诚信国际信用评级有限责任公司董事长，中国诚信信用管理有限公司副总裁。曾任中诚信财务顾问有限公司常务副总裁、中国诚信信用管理有限公司执行副总裁、中诚信证券评估有限公司副董事长等职务。